U0525577

深度转型

GREAT TRANSFORMATION

大分化时代
中国怎么办

滕泰 朱长征 等著

企业管理出版社　东方出版社

图书在版编目（CIP）数据

深度转型：大分化时代中国怎么办 / 滕泰等著 . --
北京：企业管理出版社，2022.5
ISBN 978-7-5164-2558-9

Ⅰ.①深… Ⅱ.①滕… Ⅲ.①中国经济—转型经济—
研究 Ⅳ.① F123.9

中国版本图书馆 CIP 数据核字（2022）第 032366 号

书　　名：	深度转型：大分化时代中国怎么办
书　　号：	ISBN 978-7-5164-2558-9
作　　者：	滕泰　朱长征　等
策　　划：	华朴丨择壹
责任编辑：	江丹丹　叶银
出版发行：	企业管理出版社　人民东方出版传媒有限公司
经　　销：	新华书店
地　　址：	北京市海淀区紫竹院南路 17 号　　邮　　编：100048
网　　址：	http://www.emph.cn　　电子信箱：huaputg01@163.com
电　　话：	编辑部 13366007327　　发行部（010）68701816
印　　刷：	北京汇瑞嘉合文化发展有限公司
版　　次：	2022 年 5 月第 1 版
印　　次：	2022 年 6 月第 3 次印刷
开　　本：	787mm×1092mm　　1/16 开本
印　　张：	17.5
字　　数：	176 千字
定　　价：	69.80 元

版权所有　翻印必究 · 印装有误　负责调换

基于书名，我们对深度转型有三点文字解读。一是转型的"型"来源于模型的"型"，因而有了模式化、架构性和总概性，还有成熟度和深刻性。二是一个"转"字将思维逻辑带入动态变化、结构重构、基因突变、惯性脱轨的过程之中。三是"深度"二字就将人们带入跨界思想、升维突破和降维打击的新境界，当然也将主动性、追求性、使命感、责任感、持续性包含其中。

当我们带着这三个由说文解字到思维和战略逻辑的路径去赏读时，就看到了《深度转型》一书基于产业视角的、金融逻辑的、市场化改革的、产权结构的、社会和国家治理的、货币和财税的等深度转型之思考和政策建议，有的已被采纳和应用，有的已被媒体高光，有的正在冲击涌现，还有的引人深思。

王忠民
著名经济学家
全国社会保障基金理事会原副理事长

推荐序

滕泰先生的《深度转型：大分化时代中国怎么办》一书，对中国经济的发展状况和诸多结构问题进行了深入观察和分析，并对未来发展方式的转变、所需要的政策转型和改革提出了若干发人深思的观点，非常值得一读。

本书提出的一个重要观点是，随着中国工业化基本完成和城镇化进入减速阶段，以及后基建时代的来临（大规模基础设施建设阶段基本完成），投资下滑已经不是短期现象或周期性因素，而将成为必然趋势。靠投资稳增长的时代已经过去。在这种情况下，想继续靠扩大基建投资和房地产投资来拉动经济增长，继续挖空心思编制缺乏实际价值的政府投资项目，不仅达不到预期效果，反而会加重结构失衡，弱化经济增长的可持续性。在新的发展阶段，只有靠最终消费拉动的经济增长，才是可持续的增长。为此，从决策观念到政策推行机制，都需要一场深刻的转型。

上述观点意义重大，值得经济研究者、政策制定者、投资者和企业经营者深思。不仅如此，中国经济过去十几年间出现的结构失衡也与持续的货币供应过量和政府投资过量有一定关系。因此，要实现结构再平衡和经济可持续增长，要发挥消费需求对经济增长的带动作用，都需要保持货币和财政政策稳健合理、改善政府支出结构。

本书提出的另一些观点也值得重视。作者认为，近些年来世界和中国国内都出现了经济"头部化"现象，即许多行业头部企业越来越大，垄断因素加强，中小企业处于相对不利地位。其中除了新经济发展加快的客观因素外，也与某些政策有关。作者认为，政策对处于婴儿期的新经济予以支持是必要的，但一旦做大，婴儿期的优惠政策就应及时撤销，代之以公平竞争的政策。

银行"资产抵押优先"的贷款政策也有利于大企业而不利于中小企业。部分企业在能源、原材料等上游行业的垄断地位也导致了能源、原材料价格的上涨，致使处于中下游的中小企业生存条件恶化。去产能、淘汰高耗能企业，以及一些行业监管措施，使利润越来越向部分行业和部分企业集中，企业分化更加严重。书中提出的这些警示，启发我们对结构调整和行业监管政策采用什么方式实行、如何与维护市场公平竞争的原则相协调进行认真思考。

书中也对产业发展和改革中"破"和"立"的关系进行了阐述，主张尊重"先立后破"的产业演进规律，不要用行政手段干预产业的正常竞争，不能用差异化政策保护"僵尸企业"。作者认为："'破'不是用行政手段直接干涉市场经济下正常运行的产业和企业，而是要破除那些形成供给约束的垄断现象和过时的、不合理的管制政策，以及因为'软约束'僵而不死的企业。"作者还强调了包括土地在内的要素市场化改革的必要性，以及进一步改革计划经济遗留的各项制度、释放供给潜力的必要性。这些观点，都值得认真考虑。

不过，书中也有些观点，还有更深入讨论和推敲的必要。这里提出几点不同看法，借此机会与作者和读者讨论。作者主张，降息和货币宽松有利于鼓励消费，因此认为货币政策需要更加宽松。在我看来，这一观点不仅与书中关于剩余货币对经济形成冲击的分析相冲突，同时也缺乏现实基础。正如书中引用的亚当·斯密的论述，降息有促进消费和抑制消费两种相反的作用，但后者并不仅仅发生于靠利息生活者。

在中国，大量劳动者的高储蓄低消费是迫于高房价、未来可能的失业、疾病、养老、育儿和子女教育等生活压力，其中两亿多被称为"农民工"的新城镇居民面临的问题尤为突出。基本原因是房价过高、保障性住房供应不足、社会保障和公共服务不健全。刻意的低息政策只能使他们储蓄的努力得到的回报更少，未来困难更多，而不可能使他们放弃储蓄、增加消费。而对少数富裕人群而言，由于收入足够高，消费需求已经得到充分满足，他们储蓄是为了投资，边际消费倾向递减是必然要发生的。低息只能迫使他们更多地寻求其他投资渠道（例如炒房、炒股），而不会再用消费代替储蓄。

由于我国收入差距仍然较大（2020年国家统计局统计基尼系数仍然高于0.46），上述两种情况代表了我国居民高储蓄的基本原因。尤其在我国，货币宽松的作用不是鼓励消费，而是刺激投资。事实上过去长期的货币宽松不仅没有改善收入分配和鼓励消费，反而加剧了资金流向虚拟经济，鼓励了经济脱实向虚，助长了高房价和经济泡沫，助长了收入分配两极分化，抑制了大众消费，也是导致产能过剩、结构失衡的重要推手。

针对这些情况，启动内需、改善消费不能依赖货币宽松，而是需要政府支出结构转型，把过多用于投资的政府资源转用于改善民生，实现社会保障全覆盖，促进公共服务均等化，改善人力资本供应，实实在在解决民生难题，消除阻碍大众消费的不利因素。这也应当成为积极财政政策的基本含义。

滕泰先生知道我对有关货币宽松的观点并不认同，仍然请我作序，并一再说明"无论是支持还是学术批评都有利于转型问题的深入探讨"。读了这本书，有很多认同，也颇有收获，就此写了这些想法，作为学术交流，也包括不同看法的讨论，希望这样的讨论更能启发读者的思考。

祝贺《深度转型：大分化时代中国怎么办》一书的出版，期待学界更多关注经济转型问题，祝愿中国经济行稳致远！

王小鲁
著名经济学家
国民经济研究所副所长、研究员
中国经济体制改革研究会常务理事
2022 年 3 月 11 日

序言 大分化时代，中国怎么办

东西方经济趋势大分化

据国家统计局数据，2021年下半年，在出口增速超过20%的情况下，中国经济2021年的三季度、四季度GDP增速下滑到4.9%、4.0%，在外需连续两年高速扩张的背景下，内需增速下滑成为中国经济循环的重要障碍。除了消费增速持续下滑外，房地产、基建、民营企业等投资增速的下滑速度更快——内循环为主体的新发展格局受到严峻挑战。

2022年年初，美国的CPI（消费者价格指数）高达7.5%，创下40年来的新高，德国的PPI（生产者价格指数）也创下70年来的新高；与此同时，中国的CPI只有0.9%，[①]不仅通胀处于相对低位，而且面临着需求不足的矛盾。西方通胀、东方通缩，这样的全球经济分化，前所未见。

虽然中国的CPI并不高，但是PPI却连续几个月处于两位数的历史最高水平，国外通胀向国内传导的压力、上游原材料通胀向下

---

① 美国劳工统计局、德国联邦统计局、中国国家统计局数据统计。

游消费品传导的压力,不仅时刻考验着下游中小企业的承受力,也在考验着中国宏观决策部门:如何利用通胀尚未突破警戒线的时间窗口,持续发力稳增长?

事实上,中国延续了20多年的稳增长决策观念和执行机制正迎来新时期的严峻考验。

2019年年末新冠肺炎疫情突袭而至,美国、欧洲等国家执行以"稳消费"模式为特点的经济救助计划,不仅实施大幅度量化宽松、大幅降息政策,而且重点向中低收入的消费者发钱。以美国为例,在其5万亿美元的救助计划中,有2.93万亿美元直接进入了美国居民的口袋,平均每人发放现金近1万美元,结果美国的消费迅速扩张,到2021年第四季度美国GDP同比增速高达7.0%。

中国采取以"稳投资"为主的稳增长模式。2020年在消费贡献为负、投资拉动经济增长81%的情况下,经济录得正增长。然而2021年下半年开始,这种稳增长模式明显缺乏可持续性的问题开始显现。2021年全年,消费对中国经济增长贡献超过65%,而投资的贡献只有13.7%;2021年四季度,中国GDP增速下滑到4.0%,大幅低于同期美国7.0%的经济增速,主要原因就是投资的快速下滑,四季度对经济增长的贡献为负。

2022年,中国经济增长到底是靠内循环,还是外循环?为了扩大内需,到底是继续坚持以"稳投资"为主的传统模式,还是应该学习以"稳消费"为主的新模式?是传统的财政政策唱主角、货币政策提供配套资金,还是像发达国家那样以货币宽松政策为主,让企业和消费者等市场力量在稳增长中发挥主导作用?

全球增长不平衡的挑战

面临分化的不仅仅是东西方经济走势和决策模式,还有东西方传统经济和新经济的不同社会角色和未来趋势。

20世纪90年代以来的美国经济增长,从产业上看主要来自电子信息产业、文化娱乐产业、教育知识产业,还有创新药、金融和房地产等高端服务业,而传统制造业和传统服务业占比较少,很多传统产业的就业人口成为过去这些年美国经济增长的旁观者;从区域上看主要是加州、纽约、新泽西、大波士顿地区经济增长较快,很多中西部地区在增长中受到挤压;从增长的参与和受益人口上看,少数人口参与和分享了增长的成果,而美国的中产阶级占总人口的比重,从最高的70%降低到现在的50%左右……可以毫不夸张地说,美国经济过去30多年的增长,是少数行业、少数地区、少数人口的增长。

上述典型的不平衡增长加剧了美国社会的分化和分裂:大量传统产业、相关地区和人口被这种不平衡增长"甩下车",由此产生并积累了强烈的不满情绪,很多原本可以淡化、隐藏的社会冲突和矛盾不断爆发,放大了种族、文化、政治观点的对立。特朗普虽然曾于2016年利用这种经济增长的不平衡和社会分化成功当选了美国总统,但他除了利用上述分化捞取选票之外,并不能从根本上改变这种严重不平衡的经济增长现象,反而制造了更严重的社会分裂。

与美国过去30多年不平衡增长形成对比的是,中国过去40多年的经济增长是有很大普惠性的:不论是东部地区,还是西部地区,经济都取得了巨大的发展成果，如西藏自治区自改革开放以来 GDP 增长了 50 多倍；不论是农业、传统制造业、传统服务业，还是互联网、新经济等都在不同阶段得到了快速成长的机会；农民、工人、企业家等各阶层的生活都得到了明显改善。各地区、各行业、各阶层的人都享受到了 40 多年改革开放的成果。

然而，值得警惕的是，在经历了改革开放 40 多年的普惠性增长之后，未来中国经济增长会不会像美国经济那样，呈现出产业、区域、人口收入的不平衡增长？这又会对中国的社会治理提出怎样的挑战？

即使有新冠肺炎疫情的冲击，中国信息产业仍始终保持两位数的高速增长，各种新经济、新业态在带来新增长的同时，正在对传统业态形成全面碾压和挤出。

除了产业分化之外，中国各产业内部的"头部化"现象也日趋严重，在互联网技术、统一大市场、资本助推等多重背景下，几乎每个行业都催生了几个头部垄断企业，在较短时间内形成了流量、数据、资本、人才等要素的聚集效应，从而对腰部、尾部的企业形成挤压。

与此同时，中国的区域经济差距也在扩大。装配了新经济引擎的长三角、粤港澳大湾区和少数都市圈迅速把那些以传统产业为增长动力的地区甩在后面，中国经济规模前五的省区市 GDP 之和已经是后五名的 17 倍，并且这个差距还将进一步扩大。

…………

虽然过去 40 多年中国经济增长的普惠性要远远大于美国，但如果未来30年中国经济也面临类似美国的经济增长大分化，中国的社会公共治理要如何应对？站在这样的视角来看新时期的共同富裕政策，企业家和个人对未来会不会有不同的思考？为了避免与美国类似的经济不平衡增长与分化，中国经济增长模式需要如何转型？

大分化时代的深度转型

处在越来越分化和不确定的世界之中，各国政策、各行各业都在深度转型。

中国的宏观政策从2012年开始就越来越重视供给侧的相关改革，比如鼓励创业创新、放松供给约束、减税降费、推动营商环境改革等，并于2015年11月以中央财经领导小组的名义正式提出深化"供给侧改革"，在当年召开的中央经济工作会议上明确2016年供给侧结构性改革的任务重点是"三去一降一补"[①]，之后又陆续提出新旧动能转换、深化要素市场化改革、放管服改革等不同阶段的供给侧结构性改革内容。

值得关注的是，2021年以来美国拜登政府也在启动美国式的现代供给侧经济政策。美国财政部长耶伦说，"现代供给侧经济学"通过增加劳动供给、提高劳动生产率来稳定经济增长，同时兼顾减少不平等和环境破坏，其主要政策包括增加劳动供给、增加教育和基础设施投资以提高劳动生产率、推动全球最低税率等。中美两大经

---

① "三去一降一补"即去产能、去库存、去杠杆、降成本、补短板，是2015年年底召开的中央经济工作会议对2016年供给侧结构性改革任务的重点部署，之后"以深化供给侧结构性改革为主线"成为中国经济政策的一项重要指导思想，每年内容都有新的变化。

济体的经济政策都开始重视供给侧，这不能不说是 21 世纪全球经济政策转型的一大特点。显然，通过市场化的供给侧改革来释放经济活力、提升经济增长潜力，不仅仅是中国经济和美国经济的需要，也是全球经济转型升级的出路。

面对全球贸易保护主义所带来的国际分工、国际供应链的深度变化，2020 年年底，中国根据复杂的全球经济形势，提出构建"以内循环为主体、国内国际双循环相互促进"的发展新格局。这对全球经济格局，对不同产业和企业，对不同地区，分别意味着什么？

从产业创新转型的逻辑来看，各种新技术、新产业、新业态、新模式等新经济的发展速度高于传统产业，这本身既是生产力进步的表现，也是难以逆转的客观经济规律。无视未来的经济不平衡增长规律，不接受传统产业增速必然回落的规律，是不理性的。对于新老更替的经济规律，既不能对抗，也不能消极等待、被动接受，正确的做法是根据新经济发展的规律，加快传统产业的转型升级。那么用什么样的思维和战略来推动企业创新升级，如何既让新供给产业开新花，又让老供给产业发新芽呢？

在那些传统产业主导的地区，继续发展已经产能过剩的传统产业，不但不可能为这些地区提供振兴的机遇，还会让它们在转型的路上背上更重的包袱。为了从根本上解决这些地区的经济转型升级问题，必须理解新时期人口、资源、资金、技术的市场化流动规律，观察生产要素价格和边际要素生产率变化的方向，从改善软环境、导入软资源入手，推动产业转型升级，逐步培育本地区的新区位优势和新产业动态比较优势。

当然，在告别农业社会、快速进入工业化和城镇化的后期阶段，走进以软产业、软价值为主体的新时期，除了关注全球经济大分化、增长不平衡之外，我们还要研究新经济的不确定性、增长普惠性和共同富裕、前所未有的全球通货膨胀、国内日趋严峻的经济增速下行压力、全球能源供给冲击、劳动力成本冲击、逆全球化和贸易保护主义的影响等。

针对上述问题，本书结合最近几年宏观经济、转型理论和新经济等方面的研究，重新整理了笔者对当前全球和中国经济形势的看法，对改革与转型的思考，以及对企业创新升级，尤其是通过研发、设计、品牌、场景、体验、流量等软价值创造引领人们生活方式变革的普遍规律的研究探索，希望这些浅薄研究能够引发读者对中国经济、产业、区域及企业转型创新的战略、方向和方法等更为深刻的思考。

朱长征先生不仅参与了本书部分内容的写作，而且协助我更新和校对了书中的大部分数据。张海冰先生和刘哲女士参与了本书部分章节的研究工作，李明昊、徐治翔等人也分别对本书的部分内容做出了贡献，思萌校对并更新了全书的图表，企业管理出版社的高高团队为本书提出了很多极有价值的建议，在此表示衷心的感谢！

滕泰

2022 年 2 月

目 录

第一章 新时期经济发展面临的压力

  需求收缩，内循环的严峻挑战 / 003
  供给冲击的复杂影响 / 013
  预期转弱放大经济增速下行压力 / 020

第二章 全球通胀与增长不平衡

  美国高通胀将如何演绎 / 029
  中国离通货膨胀还有多远 / 036
  PPI 与 CPI 分叉的财富再分配效应 / 044
  经济"头部化"冲击中小企业 / 050
  增长不平衡与社会分化 / 058

第三章 从决策观念到经济政策的深度转型

  后基建时代，稳增长还能靠投资吗 / 069

财政政策和货币政策的角色转换 / 080

从需求政策转型到供给和预期管理 / 092

新对外开放战略 / 100

第四章　深度转型的改革逻辑

中国供给侧改革与美国现代供给侧经济学 / 111

尊重"先立后破"的产业逻辑，
　　用对"先破后立"的改革逻辑 / 120

释放要素市场化改革的巨大潜力 / 127

渐进式改革留下的计划经济沙砾 / 137

新供给经济学视角下的中国经济周期 / 144

第五章　经济转型的新方向

新经济时代已经来临 / 151

新经济方向：新供给新需求 / 156

以软价值战略创造新需求 / 162

科学看待制造业占比的降低 / 174

5G投资是否超前：场景创新改变生活方式 / 184

元宇宙：下一代互联网与人类未来 / 190

第六章　区域协调发展与新增长极

营商环境透视区域经济发展潜力 / 207

从房价走势看区域和城市前景 / 214

大湾区西岸，21世纪新增长极 /222

第七章 中国特色的共同富裕之路

效率和公平的稳定产权基础 /237
保护企业家精神，走中国特色共同富裕之路 /242
如何扩大中等收入群体 /254

第一章　新时期经济发展面临的压力

2021年四季度中国GDP同比增速下滑到4.0%，同期美国GDP增速为7.0%，这引发了中国决策部门对新的经济增速下行压力的担忧。2021年年底召开的中央经济工作会议，把这些新的经济增速下行压力归纳为需求收缩、供给冲击、预期转弱三个方面。事实上，如果从2010年第一季度GDP增速12%开始计算，中国经济这一轮增速下行已经持续了11年。如何看待当前中国经济面临的压力呢？

需求收缩，内循环的严峻挑战

在出口增速超过 20% 的背景下，经济增速在 2021 年下半年出现快速下滑，显然是国内需求出现了收缩问题。如果投资快速下滑，消费增速也越来越慢，那中国"内循环为主体"的发展新格局将受到严峻挑战。

投资增速的持续下滑趋势

按照国家统计局公布的数据，如果从全国固定资产投资（不含农户）的表观数据来看，2018 年的投资规模近 63.6 万亿元，2019 年和 2020 年分别下降至 55.1 万亿元和 51.9 万亿元；简单比较固定资产投资总额，2019 年与 2018 年相比同比增速为 –13.4%，2020 年同比增速为 –5.8%。

然而，按照可比口径计算，国家统计局公布的固定资产投资增速 2019 年和 2020 年仍然实现了 5.4% 和 2.9% 的正增长。

上述表观增速与可比口径增速之间存在差异，其主要原因是统计部门的统计方法和统计口径的调整。对于这种绝对值大幅减少而增速却为正的异常情况，复旦大学张军教授认为："一个非常可能的原因是，在计算增速公布值时，国家统计局一般只使用基年修订后的数据，但并未使用报告期的修订后数据。例如，为计算2020年（报告期）的投资增速，国家统计局使用了2019年（基期）修订后的数据，但并未使用2020年的修订后数据。所谓修订后数据，是基于固定资产投资统计口径的改革以及统计督查所发现的水分问题，国家统计局对往期数据修订后得到的更准确的数据。"

幸亏2021年固定资产投资总额为54.5万亿元，绝对数额超过了2020年。全部按照国家统计局公布的调整后的同比正增长数据来看，中国的全社会固定资产投资完成额增速从2009年创出超25%的高点以后，早已步入长期下行通道，2019年已下跌至5.4%，2020年受疫情冲击跌至2.9%，2021年增速为4.9%（见图1-1）。投资增速的快速下降导致其对GDP的贡献率不断下降，如果从当季值来看，2021年二季度的投资对经济增长的贡献率为13.2%，三季度、四季度的贡献率均为负。

投资增速持续下滑背后的主要原因是中国的快速工业化、快速城镇化进程告一段落，无论是工业投资、基本建设投资还是房地产投资，都不可能再维持多年前的高增长水平。

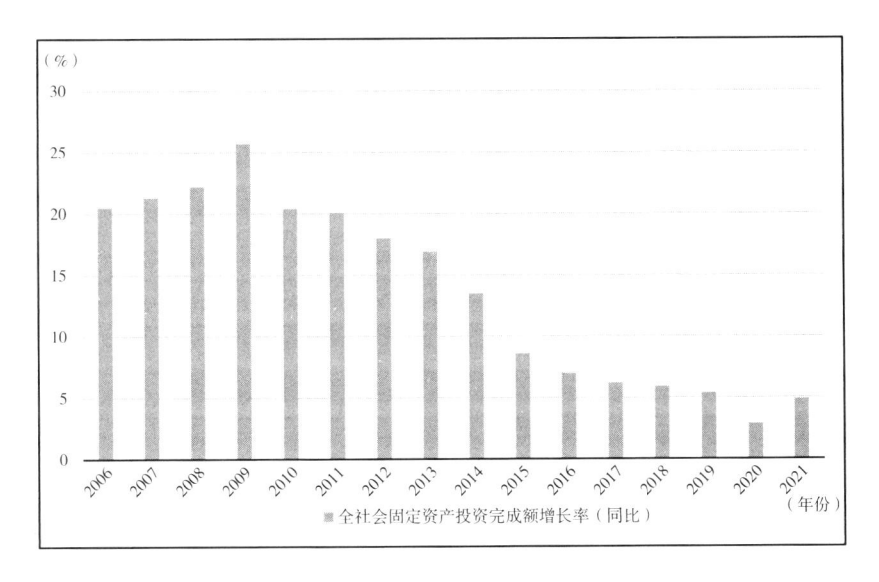

图 1-1　中国固定资产投资完成额增速变化

资料来源：国家统计局。

中国已经基本完成工业化，很多行业都出现了产能过剩的情况。而中国城镇化率2021年已达64.72%，高于55.3%的世界平均水平，虽然距离发达国家80%左右的城镇化水平还有一定的差距，但每年的人口城镇化率已经从高峰时的1.6%降低到0.8%左右。随着城镇化速度的逐步放缓，与城镇化进程相关的基本建设投资、房地产投资增速必然长期趋于下降（见图1-2）。

2020年，受新冠肺炎疫情的冲击，中国消费出现了改革开放40多年以来的第一次负增长。

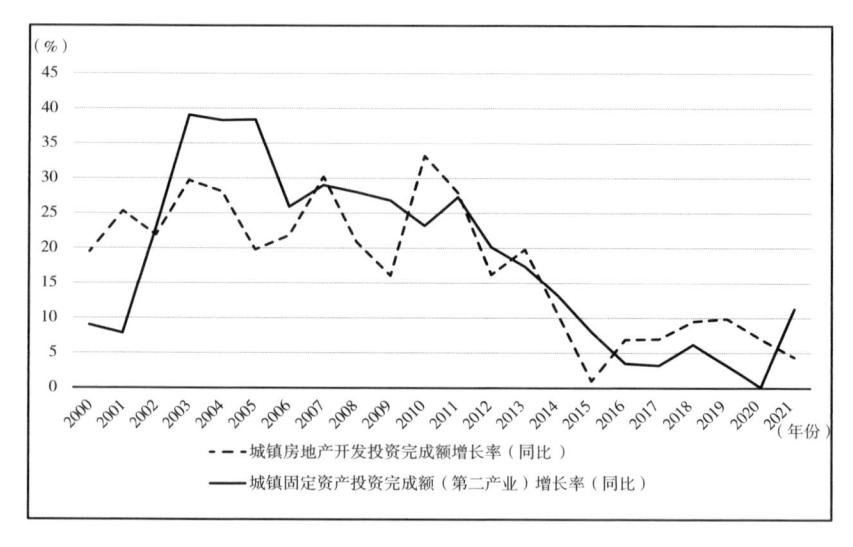

图 1-2 中国城镇固定资产投资和房地产开发投资增速变化

资料来源：国家统计局。

消费疲弱，能否扛起内循环的大旗

2021年，社会消费品零售总额为440823亿元，比上年增长12.5%，两年平均增速为3.9%。

假定2020年不曾有新冠肺炎疫情，按2019年社会消费品零售总额40.8万亿元、当年同比增速8%外推计算，2020年社会消费品零售总额应达到44.06万亿元，这个数据与2021年实际社会消费品零售总额44.08万亿元相比，基本持平。

剔除2021年上半年由于低基数造成的同比高增长，可以看出2021年下半年，中国消费增速再度迅速下滑，8月社会消费品零售总额创下 2.5% 的增速低点，之后经过 9 月、10 月两个月的小幅反弹至 4% 以上，11 月、12 月同比增速再度回落至 3.9%、1.7%，消费增速的下滑超预期（见图 1-3）。

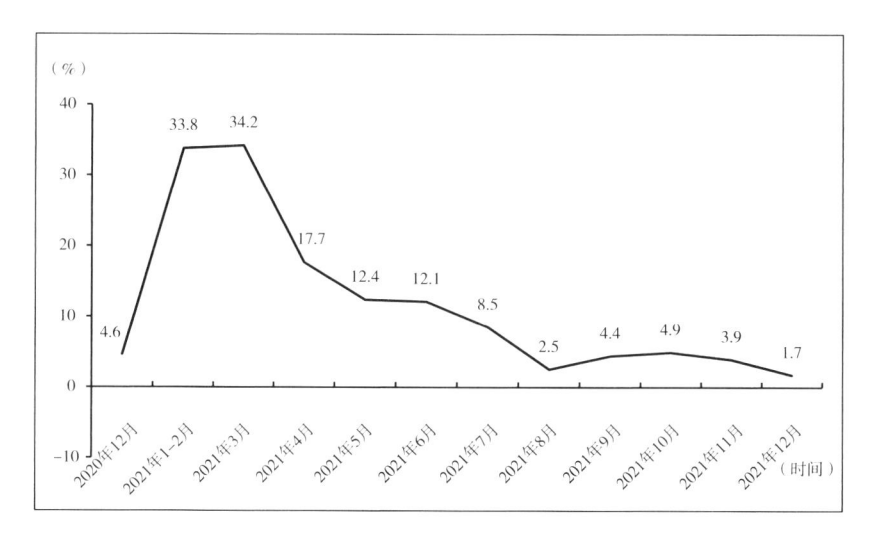

图 1-3　社会消费品零售总额同比增速变化

资料来源：国家统计局。

导致中国消费需求下降的不仅是新冠肺炎疫情的冲击，实际上，2008 年以后中国的消费增速就进入了缓慢下行的通道，从社会消费品零售总额月度同比增速来看，从 2008 年最高点的 23.3% 逐步下降到 10% 以下。即使没有 2020 年的疫情冲击，中国消费需求的增速仍难摆脱逐渐下行的趋势，其背后的深层次原因是什么？实际上决定消费的是居民实际可支配收入增长和消费倾向的变化，而消费倾向又受收入增长预期、利率和消费结构影响。

值得重视的是，中国居民收入增速已连续几年下行。从年度数据来看，即使在新冠肺炎疫情之前，全国居民人均收入增速也已从2013年的8.1%下降到2019年的5.8%；2020年受疫情影响，更是下滑到2.1%；2021年居民收入的两年平均实际增长率为5.1%，仍然在下行趋势中。尤其值得重视的是小微企业和个体工商户的收入问题，其实际收入可比增速大幅低于平均水平。

中国居民的消费倾向也在降低。有关消费倾向的研究表明，中国居民的平均消费倾向从1990年的0.85以上，下降到2010年的0.70，到2019年下降到0.66左右。2020年受疫情影响，中国居民消费倾向再创历史新低，其中，城镇居民平均消费倾向已经下滑到不足0.62（见图1-4）。

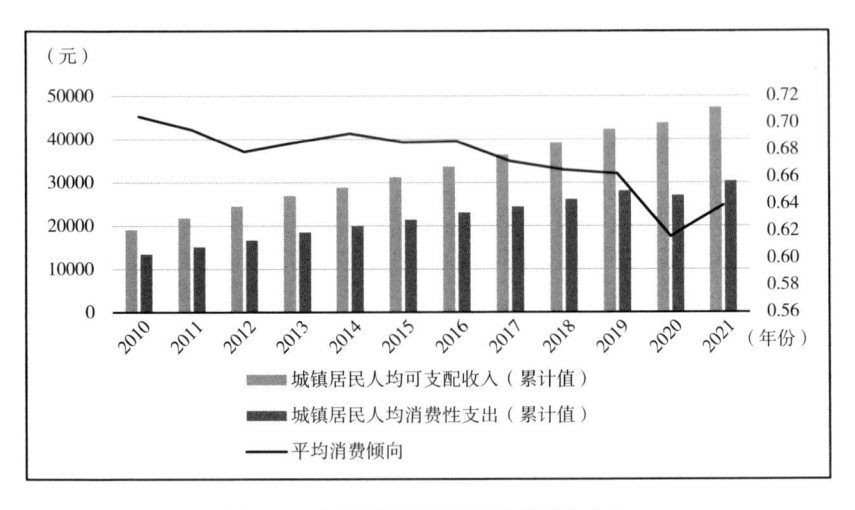

图1-4 中国城镇居民平均消费倾向变化

数据来源：国家统计局。

此外，高利率对消费倾向的影响也不容忽视。从储蓄与消费倾向来看，2020年国内居民新增人民币存款11.3万亿元，比2019年多增1.6万亿元；2021年国内居民新增人民币存款有8个月同比正增长，全年新增9.9万亿元，虽然比2020年有所回落，但累计比2019年多增2000亿元，这表明居民储蓄倾向仍然偏高。

目前，中国对于利率对消费和储蓄的影响存在一定争议，就像亚当·斯密在其著作《国富论》中提出的消费者针对降息的两种反应模式：一种是降息将降低储蓄收益，从而使人们放弃储蓄，增加消费；另一种是降息会降低人们对未来储蓄收益的预期，从而使那些计划储蓄养老的人感到还需要更多储蓄才能养老，于是反而减少消费、增加储蓄。

笔者2007年在美国沃顿商学院所做的一项研究，对比了日本不同阶段消费者对降息的不同反应模式，发现降息对消费者的影响主要取决于消费者的工资性收入和储蓄性收入占比。当家庭收入的50%以上依赖工资性收入时，人们对利率的反应符合亚当·斯密所述的第一种模式，即降息将导致消费者降低储蓄意愿。在各国经济发展的历史上，大部分情况下降息都能够造成储蓄减少、消费增加。亚当·斯密提到的第二种反应模式理论上可能出现在家庭收入的50%以上依赖储蓄收入的家庭，在这样的家庭，降息将导致储蓄利息收入减少，并降低他们的家庭总收入和未来安全感，从而有可能使他们减少当期消费增加储蓄，以确保原有的安全感。类似的情况只在日本1993—1996年出现过，其主要原因是当时日本已经进入富裕老龄化社会，老龄富裕者的储蓄性收入超过工资性收入，彼时日本连续大幅降息，从大约 6% 的水平降低到 3% 左右，原本 1000 万日元的储蓄每年会带来 60 万日元的利息收入，结果降息后只有 30 万日元的利息收入——如果要保持每年有 60 万日元利息收入的未来安全感，就还得再存 1000 万日元。由于这种富裕老龄化社会的特殊反应，20 世纪 90 年代的日本降息的确没有带来消费的增加。

当前的中国居民收入结构显然不同于 20 世纪 90 年代初期的日本富裕老龄化社会，恰恰相反，我们仍然是以中低收入者为主体的社会，对利率的反应模式也不同于当时的日本。2020 年，受收入预期和存款利率没有相应下调的影响，中国的低收入群体、中等收入群体、高收入群体都增加了储蓄。央行的城镇储户季度调查显示，2020 年一季度倾向于"更多储蓄"的居民占 53.0%，比上季度攀升 7.3 个百分点；而倾向于"更多消费"的居民占 22.0%，下降 6.0 个百分点。到四季度，倾向于储蓄的居民仍占 51.4%，只略降了 1.6 个百分点；倾向于消费的居民占 23.3%，只略升了 1.3 个百分点。到 2021 年四季度，倾向于储蓄的居民占比仍高达 51.8%。

最后，供给和消费结构老化也会造成消费倾向递减。在供给和消费结构不变的前提下，随着收入的增长，居民边际消费倾向和平均消费倾向都呈现递减的趋势，即由于收入增加，消费也增加，但消费增长幅度要小于收入增长幅度（平均消费倾向递减），并且越来越小（边际消费倾向递减）。然而，如果新供给不断创造新需求，造成供给和消费结构发生变化，就会造成消费倾向递增。

举例而言，在汽车被发明之前，人们对马车的消费倾向逐渐降低；然而，当汽车被发明出来以后，就创造了巨大的新需求，从而提高了整个社会的消费倾向。同理，在数字模拟手机的需求基本饱和、消费倾向递减后，苹果公司发明的智能手机创造了巨大的新需求，同样提高了整个社会的消费倾向。

自20世纪90年代至21世纪前10年，汽车、彩电、冰箱等商品大量进入中国家庭，这些新供给对国内居民消费倾向产生了明显的提升作用，但随着快速工业化和城镇化阶段的结束，原来的新供给逐渐变成了老供给，促使居民平均消费倾向下行，尽管此时也有智能手机、新能源汽车等新供给产生，但从总量上这些新供给对消费倾向的提升作用，仍不足以抵消庞大的老供给对消费倾向的拖累。

值得注意的是，2021年虽然消费增速持续下滑，但是在投资增速回落的背景下，最终消费支出对经济增长的贡献度被动上升，从一季度的53.5%升至二季度的77.1%和四季度的85.3%，全年消费对GDP贡献的累计值也达到65.4%。当消费这个越跑越慢的"选手"，被动扛起了中国经济内循环的大旗，如果消费增速持续下滑，那么中国经济增速的下行压力则必然加大。

中国出口高增长能够持续多久

由于海外很多国家的工业生产都受新冠肺炎疫情影响，与此同时中国因为疫情控制较好而生产恢复较好，这就造成海外对中国产品的需求增加。因此中国出口额和顺差都大幅增加，净出口对GDP增长的贡献率和中国出口国际市场份额都迅速提高。2021年，中国净出口对 GDP 增长的贡献率保持在 20.9%，拉动 GDP 增长 1.7 个百分点，其中四季度贡献率达 26.4%。

2020 年下半年和 2021 年，中国工业部门的快速恢复更多得益于出口的高增长。2022 年，随着各国陆续实现新冠肺炎疫情的全民免疫，疫情对生产的影响减弱，在其他国家制造业逐步恢复后，中国获得的新订单必将被分流。此外，美国、欧洲等国的量化宽松政策逐步退出并开启加息、紧缩政策周期，必然造成总需求增速回落。在这种背景下，如果中国出口增速回落过快，那么大量出口物资的回流难免会给中国内需造成巨大压力。

供给冲击的复杂影响

2021年年底召开的中央经济工作会议首次提到"供给冲击",如何认识和应对供给冲击的影响呢？

不同类型的供给冲击

第一类是原材料供给冲击。主要是突发性因素或长期因素造成的原材料价格大幅上升或供给不足。例如，新冠肺炎疫情发生以后，由于相关人员无法工作，国际上一些矿山停产、减产，引发了铁矿石等大宗商品的供给减少和价格暴涨。又如，欧洲因"减碳"步伐过快，造成火电、核电供给的迅速减少，这在2021年下半年给全球能源市场造成了巨大冲击。

中国作为全球最大的制造业国家，也是人口最多的国家，对能源、原材料等有着巨大的需求，同时这也导致中国多种大宗商品对外依存度过高。例如，铜精矿对外依存度超过76%，铁矿石对外依存度超过80%，原油对外依存度超过70%，铝土矿对外依存度接近

60%，天然气对外依存度超过42%。在这种情况下，必须对这些初级产品供给冲击的长期化有足够的重视。

第二类是劳动力供给冲击。包括因为疫情防控等实施的社会活动和交通禁令使劳动者不能正常上班，形成了短期劳动力供给冲击，以及老龄化、少子化、收入结构变化导致的劳动意愿下降，政策因素导致的劳动力成本上升等引发的中长期劳动力供给冲击。

最近几年，不仅日本、美国等国家遭遇了劳动力短缺的问题，中国也正在面临劳动力供给冲击的挑战。一方面，中国人口结构发生变化，出现了劳动年龄人口增速减缓甚至下降的问题。从2014年开始，15~64岁的劳动年龄人口就已经结束了正增长，且负增长的幅度在逐渐加大，到2020年，已达-9.58%的惊人水平。另一方面，中国劳动参与率也在缓慢下降，从2008年到2019年，中国劳动年龄人口劳动参与率从71.88%下降到68.19%。[①] 工厂、餐厅和建筑工地越来越难招到年轻人。

第三类供给冲击是供应链冲击。例如，美国政府的政策禁令导致了芯片等重要商品断供的供给冲击，给全球供应链造成严重影响。又比如，美国港口装卸效率低下以及人手短缺，导致进口产品不能及时卸货从而形成供应链冲击。

在加入WTO之后的20年里，中国逐渐融入了国际分工体系，很多行业对国际供应链也产生了较高的依赖度。例如，中国芯片进口量大约占世界的1/4，是全球最大的芯片进口国。其他如航空发动

---

① 智研咨询：《2020—2026年中国人力资源服务机构行业市场前景规划及市场盈利预测报告》，产业信息网。

机、重型燃气轮机、高端传感器、高端医疗设备和科研仪器等，也都存在不同程度的对外依赖。在这种情况下，如果这些在全球供应链中的关键商品经常性出现供给冲击，则可能对中国相关行业乃至整体经济产生很大的影响，因而也要高度重视。

短期的供给冲击会在较短时间内恢复正常，不大可能对一国经济乃至全球经济造成严重影响，真正值得重视的是那些有可能长期化的供给冲击。

供给冲击对物价的影响

无论是原材料供给冲击、劳动力供给冲击还是供应链冲击，都会对物价造成影响。原材料供给冲击和劳动力供给冲击的第一波反应，往往都是上游原材料和工业产品的价格上涨，体现在经济指标上就是工业通胀率即 PPI 上涨。而工业品价格上涨能否传导至消费品价格，则取决于原材料等成本占比系数、技术进步空间、生产者利润弹性、消费品行业竞争格局等很多因素。

例如，2021 年中国铁矿石最大涨幅达到 154%，带动钢材价格指数上涨 181%，优质动力煤指数上涨 165.9%，有色金属价格指数上涨 191.6%，给下游企业造成了很大的成本压力。

在正常情况下，从原材料成本和劳动力成本上升，到消费品价格上涨，也就是从 PPI 到 CPI 的传导，有一定的吸收机制，通过技术进步、提升劳动生产率，又可以对冲一部分原材料成本和劳动力成本上升的压力。如果消费品生产环节处于完全竞争甚至过度竞争的状态，那么生产商往往会通过牺牲利润来消化成本上涨的压力，不愿因为提价而丧失市场份额。

在10年前的中国经济中，原材料和劳动力价格上涨的压力都是这么消化掉的，而10年后这些吸收因素都已经大大减弱了。例如，劳动力成本占比在上升，技术进步和效率提升的空间大大减少，流通环节的电商红利和快递红利基本见顶，最重要的是，各生产环节的竞争格局已经发生了根本的变化，很多行业从以往的完全竞争、过度竞争变成了寡头竞争甚至寡头垄断，因此向下游传导成本压力的能力大大提升了。面对蔓延全球的原材料供给冲击和劳动力供给冲击，美国、欧洲的通货膨胀已经创下40年来的新高。

而供应链冲击对物价的影响也相当严重。例如，美国对中国部分企业实施的半导体禁令导致芯片出现供应链冲击，引发国内通信产品、安防产品等工业品出现不同程度的价格上涨。又例如，受新冠肺炎疫情影响，美国肉类加工企业和物流运输环节都出现了劳动力短缺，导致美国肉类供应减少，肉类价格不断上涨。

供给冲击对经济增长和企业盈利的影响

供给冲击导致经济衰退，最为典型的案例就是历史上的石油危机。石油输出国组织大幅减产、提高原油价格，导致1974年美国GDP出现 -0.54% 的负增长，日本GDP出现 -1.23% 的负增长。

供给冲击可能导致原材料和中间产品供应短缺，也可能导致原材料和中间产品价格上涨，这两种情况对产出的影响机理略有不同。

一般情况下，原材料的供给量和供给效率与产出总量呈正相关，即供给量越多、供给效率越高，对应的总产出就越大。而供给成本与产出总量呈负相关，在市场均衡的条件下，当供给成本提高时，在原有价格水平和产品供给量的情况下，企业利润率降低，产出降低。

当原材料的供给量受到冲击时，供给量缩减，进而使对应的产出降低，如图 1-5 所示，$\Delta Y_1 = Y_* - Y_1$ 为由于原材料供给量受到冲击产生的产出损失。例如，2021 年的芯片缺货导致手机、汽车、数码相机等产品都无法正常生产，手机厂商仅能获得其订单数量需求的七成至八成零件，有咨询机构估计 2021 年全球范围内的汽车芯片短缺造成了 200 万以上的汽车产量的损失。

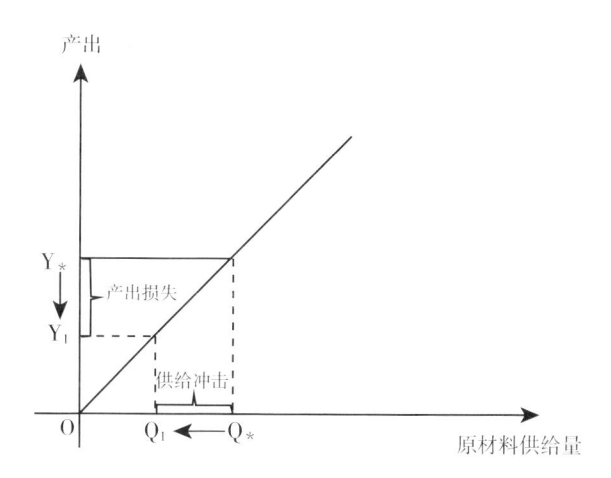

图 1-5 原材料供给量受到冲击时产生的产出损失

原材料的供给成本,受到环保成本、运费等多方面的影响而上升时,即从 C_* 提升到 C_1,进而形成供给成本冲击,导致总产出出现 $\Delta Y_3 = Y_* - Y_3$ 的损失(见图 1-6)。[①] 例如,中国很多化肥企业生产尿素是使用煤炭作为原料,生产 1 吨尿素约耗煤 1.5 吨。2021 年 10 月以来,山西省无烟块煤价格快速上涨,最高成交价达 3300 元/吨,化肥企业每生产 1 吨尿素,就要亏损 500~900 元,山西省的一些肥料企业不得不停产、减产以止损。

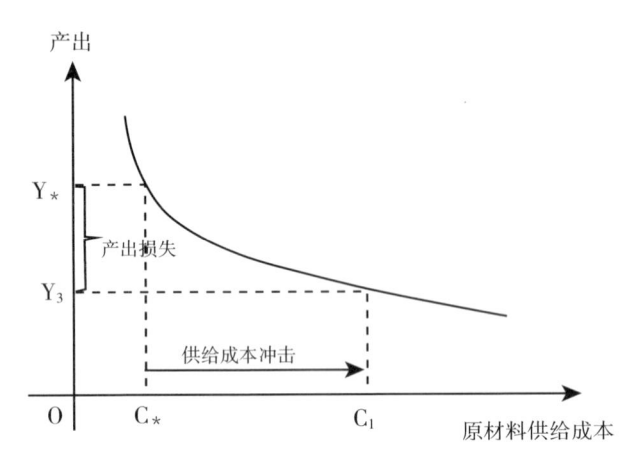

图 1-6　原材料供给成本受到冲击时造成的产出损失

而对于企业来说,供给冲击对其盈利的影响要看它在产业链中所处的位置和市场影响力。上游的煤炭、化工、钢铁、有色等行业一般来说都是供给冲击导致的原材料涨价的受益者。以煤炭行业为例,2021 年经济复苏、需求转好,但煤炭行业短期难以大幅增产,

---

[①] 参见滕泰《新供给经济学》,上海财经大学出版社,2019 年 12 月。

导致 5 月以后煤炭价格持续走高,煤炭公司收入和利润大幅增长。

短期的供给冲击,生产者受到的损害较轻微,因为那些具备市场主导权的行业龙头企业可以通过提价,在一定程度上将部分新增成本转移给下游厂商,最终转移给消费者。但如果企业面临上游供给冲击而没有涨价能力,其盈利就会受到挤压而大幅下降,严重者将造成企业亏损甚至关门、倒闭。

预期转弱放大经济增速下行压力

受新冠肺炎疫情反复影响,中国服务业复苏的情况一直低于预期;不少民营房地产开发企业出现债务违约,部分城市出现土地流拍,影响到对房地产市场的预期;对有关行业的监管和整顿强化、反垄断和反不正当竞争执法等也在客观上强化了部分行业的悲观预期;同时,中小企业收入和盈利下降、居民收入增速下行、大学生就业压力增大等因素,都影响了企业和消费者对未来的预期,放大了经济增速的下行压力。

疫情反复,服务业预期转弱

中国国内新冠肺炎疫情在 2021 年总体得到控制,但仍然出现数起本土疫情,各地采取的"动态清零"疫情防控模式,对人们出行和服务消费的影响不容忽视。虽然居民教育、文化、娱乐等消费支出有所反弹,但总体上服务性消费恢复程度仍低于其他消费。

2021 年,全国居民人均服务消费支出两年平均增长 5.4%,低于居民人均消费支出 0.3 个百分点。服务消费支出占居民消费支出比重维持在 2019 年的水平。

从影视行业的电影票房来看，2021 年春节档的确表现优异，但受疫情影响，暑期档收入远远低于 2019 年。据国家电影局的数据，2021 年全年内地电影市场总票房为 472.58 亿元，这与 2019 年 640 亿元的票房收入有较大差距。

旅游住宿行业情况类似。根据文化和旅游部的抽样调查结果，2021 年前三季度国内旅游总人次、国内旅游收入分别只恢复到 2019 年同期的 58.5%、54.4%，都没有超过六成。2021 年下半年以来，一些城市疫情零星发生，对旅游行业的预判也仍有不确定性。

再看餐饮业。国家统计局数据显示，2019 年全国餐饮收入为 46721 亿元，2020 年下降至 39527 亿元，2021 年全国餐饮收入为 46895 亿元，收入总量上刚刚恢复到 2019 年的水平，其未来增长仍将受到疫情及防疫模式的影响。

由于 2021 年新冠肺炎疫情在全国多地反复出现，在严格的疫情防控模式下，国内零售、道路运输、航空运输、住宿、餐饮、房地产、生态保护及环境治理、居民服务、文化体育娱乐等行业的商务活动预期都比较弱。

服务业复苏缓慢造成其对经济的贡献率也不断降低，2021 年服务业对中国经济增长的贡献率为 54.9%，低于 2019 年 59.4% 的贡献率水平。2022 年以来，由于疫情在各地多点散发的情况，服务业的疲软仍然是中国经济预期转弱的主要原因之一。

房地产相关行业预期转弱的影响

近两年,房地产开发企业的流动性危机、债务违约等持续扩散,从一些区域性的中型房地产公司蔓延到部分全国性大型房地产公司。

房地产企业的资金状况直接影响到其参与土地拍卖的能力,2021年北京、杭州、广州、沈阳、长春、长沙等城市都出现了大比例的土地流拍,另有部分城市以央企、国企、城投来兜底接盘才止住流拍扩大。目前,中国多数城市地方财政仍高度依赖土地相关收入。2020年,土地出让收入在地方政府性基金收入中占比为94%,在地方本级主要财政收入[①]中占比为44%,而在部分城市这一占比甚至超过60%。土地流拍给地方政府的基金收入和相关税收收入都带来了压力。

尽管2021年四季度以来,针对房地产企业融资的相关政策环境略有放松,但行业的整体预期仍较为悲观,这造成了房地产开发投资放缓、商品房销售萎缩、行业预期转弱。

房地产行业和相关的建筑、建材、装修装饰、家具、家电、工程机械等行业,不仅直接影响整体中国经济增长的25%左右,而且房地产行业的伸缩与金融伸缩密切相关,因而房地产行业的预期转弱对整个中国经济的预期有重要影响。

---

① 地方本级主要财政收入,主要包括一般公共预算本级收入和政府性基金本级收入。

部分行业监管整顿的影响

中国经济由高速增长阶段转向高质量发展阶段后，必然要在诸如环境保护、产品质量、民生、公平竞争等方面提出更高的要求，对那些与高质量发展和民生领域相关的行业进行规范和整顿。

例如，针对煤炭、钢铁、化工、有色金属等高耗能、高污染、高排放行业，中国政府早在"十一五"就提出了节能减排目标，并设置了约束性指标，2020年以来，为积极应对气候变化又提出"碳达峰、碳中和"目标。这些目标既显示了中国走绿色低碳发展道路的决心和路径，也在国际社会展现了大国担当。然而，上述战略在各地执行的过程中，出现了操之过急、层层加码、教条主义等做法，使"双碳""减排"这类长期目标短期化，形成分解谬误，客观上影响了部分行业的发展预期。

在医疗、教育等事关民生的领域，虽然"集采"、"双减"（减轻学生作业负担和校外培训负担）等政策对于提高居民医疗保障水平、贯彻落实素质教育都十分必要，但是这些利民政策也必然会影响相关行业和企业。例如，DRG（疾病诊断相关分组）付费方式带来医保支付方式的变革，有望理顺药品和治疗环节价格，但近几年药品集中采购对药品、设备、耗材的价格形成持续压制。又比如，2021年"双减"对校外培训机构的冲击等。

中小企业盈利预期转弱

2021年国际原材料、能源价格暴涨,上游煤炭、石油、天然气、黑色金属等开采及加工业利润成倍增长,而下游大量中小企业利润受到侵蚀,成本压力增加,纺织、服装、食品、家具、橡胶塑料等下游行业盈利明显下滑。

除了能源、原材料成本上涨,中小微企业的人力成本压力也持续加大,据不完全统计,2021年至少有20个省份上调了最低工资标准,不同档次的月最低工资分别上调100~300元。中国连锁经营协会公布的信息显示,2020年零售业人均成本整体上升了10%~20%。

在融资方面,小微企业融资难且流动性需求更加迫切,较多中小企业不得不转向成本较高的民间借贷。2021年温州企业民间借贷利率仍在14%~15%。

在这些因素的综合影响下,制造业中的小型企业的PMI(采购经理指数)已连续多月处于收缩区间,中小企业的综合景气状况与疫情前正常水平仍有距离,小微企业注销数量增长到历史峰值水平。

结构性就业压力和其他影响预期的因素

尽管中国整体调查失业率在2021年稳定在4.9%~5.1%的水平,但同期16~24岁青年人口调查失业率偏高,2021年年末为14.3%。2021年全国高校毕业生为909万人,比上年增加35万人,2022年高校毕业生规模预计达1076万人,同比净增167万人,大学毕业生就业形势复杂严峻。

从行业角度来看，部分服务业结构性就业压力在不断加大，主要是因为房地产、教育培训、影视、互联网、社交平台、电商、餐饮、旅游、商业等行业出现结构性就业减少。例如，新东方教育预计裁员约数万人，爱奇艺、快手、蘑菇街等也有大比例裁员的传闻。

除了上述影响预期的因素外，一些片面言论也影响到了民营企业的预期。例如，近两年出现的"民营经济退场论"，以及用"资本家"这类带有贬义的称呼来指称民营资本和企业家，贬低了民营企业的历史地位和作用，挫伤了民营企业家投资创业创富的积极性。又比如，中央提出的实现共同富裕目标，实际是一项长期任务，并不是"均贫富"，而是首先要通过共同奋斗把"蛋糕"做大做好，然后通过合理的制度安排把"蛋糕"切好分好。而少数人片面理解共同富裕目标，对民营企业家的预期也有负面影响。

总之，在经过连续10多年经济增速下行之后，中国经济增长质量和结构虽然有很大的提高，但增速不仅没有见底，而且仍然面临着需求收缩、供给冲击、预期减弱等前所未有的压力，这既有周期性、阶段性因素，也有很多长期性和结构性原因。周期性、阶段性的经济增速下行压力会自然过去，而化解结构性和长期性的经济增速下行压力，无论是政策、机制，还是企业，都必须深度转型，才能确保中国经济行稳致远。

第二章　全球通胀与增长不平衡

每一轮通货膨胀都会在生产者与消费者、政府和家庭、产业的上游和下游、债权人和债务人、国际货币发行者和使用者之间形成严重的财富再分配效应，并加剧全球经济的不平衡。这一轮40年未见的全球通胀将走向何方？对中国经济会产生哪些影响？全球经济的"头部化"趋势，以及由来已久的产业失衡、区域失衡、收入失衡，又将带来哪些社会分化和不平衡增长的风险？

美国高通胀将如何演绎

为什么2021年上半年美国通胀刚刚抬头时，美联储会出现严重的误判，认为只是短期现象？如今美国通胀创40年以来的新高，其根本原因是史无前例的量化宽松和财政刺激需求拉动的叠加，还是更复杂的供给冲击？美联储加息能不能控制通胀？美国的高通胀会不会传导到中国？

产出和就业诱惑助长通胀风险

自2021年5月起，美国通胀数据就接连"爆表"：5月，CPI突破5%；10月，CPI达到6.2%；11月达6.8%；12月达7.0%；2022年1月高达7.5%。涨价的商品不只是能源、二手车、新车，还扩大到了居住、食品等更广范围。

为什么美联储一直容忍通货膨胀，一直到2021年年末才不得不放弃通胀暂时论，转而表示要加息、缩表控制通胀呢？因为温和的通货膨胀，一向被认为是促进经济增长、增加就业和企业获得盈利的良好润滑剂。

温和通胀可以促进产出增加，这主要依赖工人对名义工资增长所产生的"货币幻觉"，即当 CPI 以不太显著的幅度上涨时，由于工人的名义工资增长率赶不上通胀率，对企业主而言，工人工资的增长赶不上产品销售价格的上涨，因此获利增加。于是企业主很可能增加投资、扩大招聘，由此形成投资、就业、工资、消费总体扩大的经济繁荣景象。其间，通胀对工人收入等的负效应被就业和产出的增加对冲掉了。

温和通胀有利于增加就业。20 世纪 50 年代，统计学家菲利普斯就对通胀与就业的关系进行了描述，得出了失业率和货币工资变动率之间交替关系的曲线，即"菲利普斯曲线"（见图 2-1）。

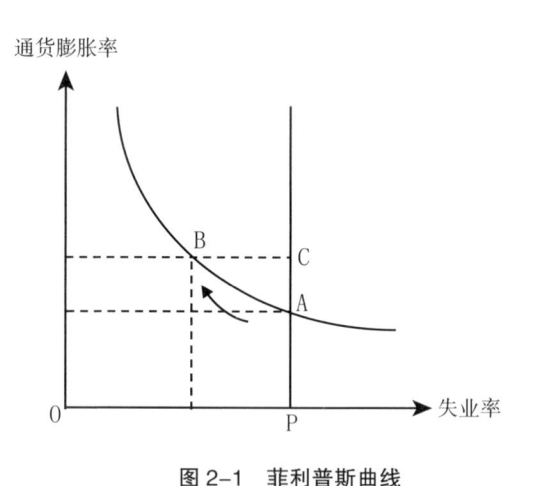

图 2-1 菲利普斯曲线

当失业率较低时，货币工资增长率较高（相应的通胀率较高）；

当失业率较高时，货币工资增长率较低（相应的通胀率较低）。与刺激经济增长类似，温和通胀之所以能够扩大就业也主要依靠人们的"货币幻觉"。当市场上工资上涨时，总会刺激部分失业者重新上岗，从而降低失业率。

温和通胀也会刺激社会技术进步速率。企业处于盈利相对宽松有利的环境，此时着眼于长远发展的企业家，往往会加快新技术、新产品的研发；企业为了扩大市场占有份额，也会在通胀初期顶住原材料等成本的上涨压力，通过自身技术创新、管理创新或产品结构调整等消化吸收成本压力，因此通胀也可能是行业重新洗牌的契机。

温和通胀还有利于政府以较小的代价获得铸币税收益。政府及其货币当局作为货币的发行者，完全以政府信用为基础发钞，并不与黄金等价物挂钩，每一次货币增发都会给政府带来真实的财富，获得铸币税收益。显然，美国超量的货币发行不但已向全世界征收了巨额的国际铸币税，而且在联邦基金利率近乎零、实际利率为负的背景下，通胀实际上让美国政府作为全球最大的债务人，占尽了债权人的便宜。

走出通胀诱惑，美国会不会再陷滞胀泥潭

温和通胀总体有益，但通胀超过了一定的程度就会对经济、社会及居民生活产生严重伤害。由于价格信号失真，恶性通胀会使企业无法做出正确的生产或销售决策，导致产业链上下游紊乱；通胀

一旦失控，不只是货币信用受损问题，还会引发抢购实物风潮，影响居民消费，扰乱整个经济运行，甚至酿成社会事件，造成政局不稳。本质上，通胀最终是对中低收入者储蓄的一种税，对负债者（包括政府）一定程度的债务免除，起到了劫贫济富的效果。因为通胀拉大了贫富差距，所以通胀指数也可称之为民众的"痛苦指数"。

近二三十年来，发达国家普遍将所谓温和通胀的警戒线设定在2%，发展中国家则普遍设定在3%左右，这仿佛是一个分水岭，在此水平线附近或以下被默认为是比较适宜的温和通胀，具有前述促进产出增长、增加就业、技术进步等好处，并且让政府作为货币发行人和债务人获益。

当美国CPI涨幅达到5%时，深陷通胀诱惑的美国货币当局仍然相信推动CPI上升的因素多数是暂时性的。比如，2020年的基数低、以往油价上涨对能源消费价格的传导、经济重新开放后的支出反弹，以及一些行业的供应瓶颈等，他们期望这些主要源自供给方面的因素几个月以后将逐步消散，CPI也将逐步回落。

同时，美国经济决策部门仍然把增加就业作为最重要的经济目标，并认为为了追求失业率下降，对通胀保持容忍并承担一定的风险是值得的。到2021年年末，美国的失业率降到新冠肺炎疫情以来的最低点3.9%，仍略高于疫情前3.5%的水平；失业总人数从5月的948万人直降到12月的370万人。出乎意料的是，数百万美国人因疫情而更关注家庭和健康，或因临近退休，或因享受财政刺激计划提供的失业救助而离开工作岗位，造成了企业招工难与失业并存的特殊现象。

美国近于零的联邦基金利率、数万亿美元的财政刺激计划，助长了资产价格的膨胀和消费品通胀势头。在追求经济复苏、就业和控制通胀之间，美联储和美国财政部最初都选择了经济复苏和就业。在以上多重因素的综合影响下，美国通胀率节节升高。

因为阶段性对就业目标的执着和对通胀的容忍而酿成苦果，美国历史上曾经有过惨痛的教训。在20世纪60年代末到70年代初通胀率逐渐上涨的过程中，美联储曾经同样迟迟不采取应对措施，结果后期物价失控后不得不采取更猛烈的紧缩措施，造成经济陷入衰退，一步步走向滞胀。

这一次，美国通胀是能够成功实现"软着陆"，还是会再一次陷入滞胀的泥潭？

美国通胀的演化逻辑和潜在风险

与以往的通胀相比，2021年美联储与欧洲央行、日本央行等都实行了创纪录的零利率、负利率及大规模量化宽松。新冠肺炎疫情以来美国出台了史无前例的货币量化宽松政策，使得美国货币供应量出现大跃升。巨量流动性，主要流向了美国的股市、房市和商品期货等资产市场。美国股市在经历了12年牛市后，道琼斯指数已经从2009年一季度的6440点攀升到2021年11月上旬的最高点36500余点，总市值达46万亿美元左右；与此同时，美国的房地产价格也达次贷危机以来的高位，总价值超过 40 万亿美元。①

显然，相对于年 6.2 万亿美元的美国商品消费市场总规模，各自规模都在 40 万亿美元以上的美国股市和房地产市场成了吸纳过剩美元的主要场所。

然而，当股市估值已经高高在上，房价也早已超过次贷危机之前的高点之后，美国资产市场对过剩货币流动性的吸纳能力已经饱和，此时一旦过剩货币向实体经济分流，其所带来的价格上涨将是普遍而迅猛的。陶醉在通胀所带来的增长诱惑和就业诱惑中，期待这只是一轮短期物价上涨显然已成幻想，长期超发的货币其实已经没有其他出口，美国这一轮通胀周期恐怕未必如美联储期待的那么短。

美国和欧洲的这轮通胀，受上游能源、原材料的供给冲击影响不小。值得重视的是，这种上游成本冲击是长期的，还是短期的？能源、原材料对全球物价的冲击，会因为疫情的消失而消退吗？

还有劳动力的供给冲击，工资的上涨和工人的结构性短缺，是疫情造成的短期现象，还是一个不可逆转的长期现象？

再比如，严重影响物价和经济增长的各国物流和国际经济大循环，是因为疫情而发生中断，还是因为疫情而暴露和放大了长期以来存在的问题？我们享受了几十年的全球自由贸易和国际大循环，受到贸易保护主义的持续冲击，全球供应链还能够像以前那样为各国提供成本最低的选择吗？

---

① 东方财富网数据。

在以上多重因素的影响下，不仅美国通胀居高不下，德国的工业通胀率也创下有纪录以来的新高，更不用提早已深陷通胀困境的土耳其和阿根廷了。

对于中国和其他发展中国家而言，不仅要密切关注源自美国的全球通胀风险，而且还要警惕其后期意外紧缩带来的资本回流可能引发的各种冲击。美国无底线的量化宽松持续向全球输出通胀，而一旦美联储货币政策由松转紧，必然会引起国际资本流动的动荡，彼时对于很多长期受美国宽松货币政策影响的国家而言，有可能带来不同程度的影响。

中国离通货膨胀还有多远

与欧美等国史无前例的货币扩张不同,中国自2012年以来在总需求刺激方面相对谨慎,转而从供给侧出发,通过推动供给侧改革来激发经济的潜在增长力,因而经历了改革开放以来最长的10年低通胀时代。然而,在全球大通胀的背景下,中国离通胀还有多远?

20世纪90年代以来,中国经济决策部门事实上一直把3%左右的CPI作为通胀警戒线,一旦突破3%的警戒线,物价水平往往会迅速走高,在20世纪80、90年代中国物价涨幅曾多次达到两位数,在2007—2008年和2010—2011年中国通胀率也分别达到5%~6%的水平。这一次美国等国家的物价水平率先走高,中国还能否守住3%这条警戒线?

据国家统计局数据,2021年10月中国PPI同比涨幅达13.5%,为1995年以来的最高月值。11月中国CPI从上月的1.5%上升到2.3%,12月不仅PPI有所回落,CPI受猪肉价格同比下跌的影响也回落到1.5%。进入2022年,中国对通胀的担心,主要焦点在于大宗商品价格上涨会不会传导到居民消费品上。

事实上，无论是美国还是中国，都应该看到这轮源自美国货币超发和供给冲击的物价上涨，同10多年前的短期通胀逻辑有显著差异，不能用10多年前的经验和眼光来看待本轮通胀风险。

过剩货币的潜在冲击力大于以往

2007年美国次贷危机以后和2010年欧债危机后的全球量化宽松，其规模远远比不上这次欧美量化宽松。2020年在新冠肺炎疫情的冲击下，美欧日英等都采取了史无前例的量化宽松和财政刺激政策，美联储的资产负债表比2020年年初扩张了1倍，整个欧元体系资产负债表规模2020年也扩张了1.5倍。

多年来，过剩的货币流动性首先流入资产市场，带来的是资产价格的持续上涨，自2009年年初至今，美国股市市值在这轮大牛市中已经涨了5倍左右；新冠肺炎疫情后房价也上涨到次贷危机以来的最高。随着上述两个最大的"蓄水池"已"池满为患"，过剩的货币流动性开始追逐一般消费品，这恐怕不是一个短期的过程。

在中国，过去20年过剩货币主要被房地产市场吸纳，如今受人口城镇化速度放缓、居民收入增速下降、房地产金融政策调整、投机性和投资性住房需求减少等因素影响，中国房价正在进入分化时代，房地产市场吸纳过剩货币流动性的能力将明显下降。考虑到中国决策部门对股市相对保守的态态，中国很难出现美国那样的全面牛市，因而未来股市吸纳过剩货币流动性的空间也不大。

过去20多年来，大量廉价中国商品对冲了美国的过剩货币，稳定了全球物价。然而，中国商品生产的速度，毕竟赶不上美国滥发钞票的速度，加之这几年中国加快"去过剩产能"，当中国产能不能对冲滥发的美元，不但美国通胀难以遏制，而且还有可能向全球传播。

能源、原材料涨价对中国物价的持续冲击

作为深度融入全球化的国家，中国的物价水平既受海外原材料价格的影响，也受海外进口商品价格变化的影响。新冠肺炎疫情以来，铁矿石、铜、石油、煤炭等大宗商品价格连续上涨，而中国铁矿石的对外依存度高达82%，2020年中国进口铁矿石11.7亿吨，创下历史最高纪录；中国铜的消费量占全球比重接近一半，铜精矿的对外依存度达76%；原油对外依存度超过70%，对国内行业影响面更广。在这么高的对外依存度的前提下，国际大宗商品价格上涨对中国PPI的影响最直接。

如果下游制造厂商处于完全竞争市场，相关生产企业数量众多，那么面对上游原材料成本上升，大部分企业一般会牺牲一定的利润来保市场份额，而不是率先涨价牺牲市场份额。这也是21世纪以来的几轮大宗商品涨价过程中原材料涨价而下游的塑料制品、汽车、空调等没怎么涨价的主要原因。除了牺牲利润，这些产业通过加强管理、提高劳动生产率也能消化吸收部分上游涨价的不良影响。

然而，2016年以来受去产能政策、压缩高耗能项目等因素的影响，较多行业中游产业，甚至少数下游产业都形成垄断竞争或寡头垄断的局面。在钢铁行业，十家钢铁企业粗钢产量占全国总产量的比重由 2016 年的 35.9% 提升到 2020 年的 39.2%；在煤炭行业，2020 年前八家大型企业原煤产量 18.55 亿吨，占全国的 47.6%，比 2015 年提高了 11.6 个百分点。不仅上游产业集中度不断提高，很多中下游产业集中度也显著提高，比如在石化产业链的 MDI、PX、PTA、涤纶长丝等环节，电子行业的面板显示器等环节，都形成了几家企业垄断竞争甚至寡头垄断的格局，甚至在冰箱、空调、洗衣机、电视机等消费品制造业领域，前几家企业的市场份额目前均在 50% 以上。

这样的新市场竞争格局，使处于寡头垄断或垄断竞争的企业定价能力越来越强，上游价格向下游终端消费品传导的能力也在加强，在部分寡头竞争的环节，甚至还以上游涨价为借口加倍涨价。

2020 年下半年起，上游原材料价格上涨，中下游制造业的利润进一步受到挤压，造成国内工业企业利润增长显著分化，上游的采矿和原材料制造行业（有色金属冶炼、黑色金属冶炼及采选、油气开采）及中游的化纤行业利润翻倍，而绝大多数中下游制造业在利润空间不断受到挤压的情况下，也开始纷纷上调产品价格。

中国食品价格阶段性掩盖整体物价上涨

在中国 10 年前的上一轮通胀中，食品价格曾经放大了通胀水平，而本轮全球通胀开始阶段正好是中国食品价格的下降周期，因而 2021 年的食品价格一度掩盖了中国物价的整体上涨。

中国 2011 年的那轮通胀，全年 CPI 同比上涨 5.4%，在 CPI 篮子的八大类商品和服务中，食品价格当年上涨了 11.8%，居住价格上涨了5.3%,其他六大类都只是温和上涨,年涨幅都在3.5%以下。可以说,尽管那轮通胀的成因也有流动性过剩、劳动力成本及原材料价格上涨等因素,但当年物价形势主要受食品涨价影响。2011年7月CPI达到6.5%后见顶回落,彼时食品在物价指数中的权重近30%,食品涨价夸大了彼时的整体物价涨势。

自2021年1月下旬至6月下旬,中国猪肉价格连续22周下跌,农业农村部监测的全国集贸市场生猪均价自36.01元/千克跌至13.76元/千克,累计跌幅超过50%。在2021年12月,食品类的猪肉价格同比下降35%,由于国内CPI中食品仍占28%~29%,猪肉价格总体呈下跌趋势(见图2-2),实际上使CPI掩盖了国内其他消费品价格的上涨。

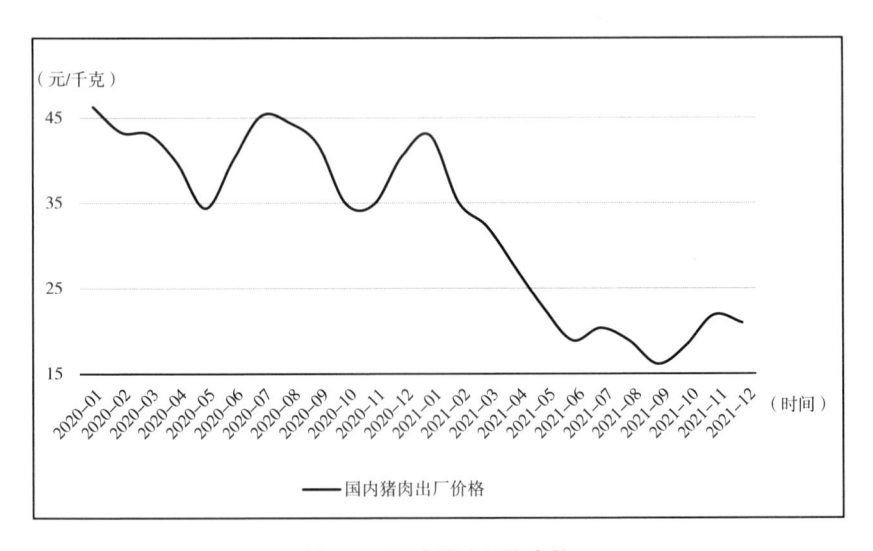

图2-2 国内猪肉价格走势

资料来源:农业农村部信息中心。

房地产和股市"池"满，还能否阻止物价上升

虽然中国近几年一直坚持相对中性的货币政策，除了房地产资产价格持续上涨之外，近 10 年来的 CPI 大都在 3% 以下，但是长期以来对货币超发的批评之声一直不断。中国的货币是否超发？如果中国的房地产市场难以吸收更多货币，那超额货币流动性会不会流向实体经济并推动物价上涨呢？

中国的货币超发主要发生在 2000 年以后，尤其是加入 WTO 以后，伴随着出口扩张、顺差扩大，中国央行为了保持汇率稳定持续发行人民币购买外汇；因购买外汇而被动投放的人民币不断增加，从 1999 年 12 月底到 2011 年 6 月底，中国的外汇占款由 1.48 万亿元增加到 24.67 万亿元，扩大了 16 倍多。

除了购买外汇造成的货币超发，为应对 2008 年全球金融危机而推出的一揽子经济刺激计划，也曾带来货币供应量的突增。2000 年至 2008 年，中国 M2/GDP 比值在 1.34 至 1.60 之间，波动较小；2008 年国际金融危机以后，这一比值迅速上了一个台阶，2015 年年末首次超过 2.0，2020 年年末达到 2.15。

尽管如此，中国过去 10 年 CPI 基本在 3% 以下，并未出现明显的通胀，其原因跟美国一样：过剩的货币流动性并未蔓延到消费品，而是被其他的资产池吸收了。与美国不同的是，美国人将更多资金投向股票等金融资产，其次是房地产；而在中国家庭资产中，房地产占到七成以上，投资股市的资金相比美国来说占比较少。

作为过去 20 年最大的货币吸收池，中国的房地产市场总价值

已从 2000 年前后的 20 多万亿元，增长到如今的约 400 万亿元，其增长动力部分来自住房供应增加，更主要的是货币流入造成的价格上涨。

股市也是较大的货币吸收池，到 2020 年年底，国内 A 股上市公司总市值从 10 年前的 26.5 万亿元上涨到 80 万亿元，是 2010 年的 3 倍多。2021 年总市值继续扩大到 92 万亿元。考虑到上证综合指数与 10 年前相比只上涨了 30% 左右，显然流到中国股市的资金并没有带来股价的持续上涨，市值的增加主要是靠新公司上市和老公司新增股票发行。

经过 20 年的持续上涨之后，中国的房地产市场已经进入分化时代，进一步吸收货币流动性的能力大大降低。此时如果中国的股票市场不能像美国那样形成长期牛市吸纳过剩货币流动性，一旦过剩货币流向实体经济，那中国也可能像美国一样，承受更大的物价上涨压力。

单位产能货币供应量：过剩产能对冲过剩货币？

过去 10 年，中国的过剩货币流动性之所以没有造成高通胀，部分原因在于过剩的产能对冲了过剩的货币流动性。

2016 年以来中国实施的"去产能"行动，客观上减少了上中游部分行业产能供给，这不但造成可以对冲过剩货币的过剩产能大大减少，而且使剩余生产者的寡占率提高，其涨价能力也大大增强。

除了上述通胀压力，源自美国的通胀也以产成品出口到中国的形式传导。比如，可口可乐、宝洁、联合利华、金佰利等国际消费品巨头纷纷宣布涨价，上述国际价格变化也会影响中国的物价变化。人民币汇率升值虽然可以从一定程度上阻断产品价格向国内传导，但是其作用也是有限的，如果未来人民币汇率弹性不够大，那么国际市场价格传导到国内的风险就会加大。因此，中国对本轮输入性通胀不可掉以轻心。

PPI 与 CPI 分叉的财富再分配效应

虽然中国上游的工业通胀短期并没有演变成消费品通胀，但是供给成本上升对经济的负面影响却值得高度重视：2021 年以来，中国的 CPI 涨幅远远落后于 PPI，PPI 向 CPI 传导滞后必然造成产业链的利润在上游和下游之间重新分配。

由于部分企业在上游垄断行业较多而利润暴涨，民营企业因大部分分布在中下游，PPI 上涨而 CPI 滞后通常会伴随着民营企业盈利能力的相对下降。

此外，当期的利润是下一期扩大投资的重要基础，而当期利润明显下降可能对下期投资带来负面影响。成本上升若不冲击物价，必然冲击投资。

上游挤压下游企业盈利空间

从过去 15 年的 PPI 和 CPI 相关性来看，这两个指数在大部分情况下是正相关的，这不仅是因为 PPI 本质都是总供给与总需求关系的反映，而且更多反映的是上游价格，CPI主要反映下游终端消费品的价格，二者之间必然有传导关系。

当然，如果价格的变化并非由总供给和总需求的关系变化引起，那么PPI到CPI的传导关系就不直接。比如2016年和2017年去产能、去库存造成上游供给减少，推动PPI上涨，并非总需求旺盛，因而CPI相对稳定；2019年猪肉价格推动CPI上涨，也并非总需求旺盛，因而不影响PPI的下行（见图2-3）。除了这两个特殊阶段的相关性不明显之外，20多年来大部分年份PPI和CPI走势亦步亦趋，因而如果本轮PPI持续上涨，其向CPI传导的压力还是很大的。

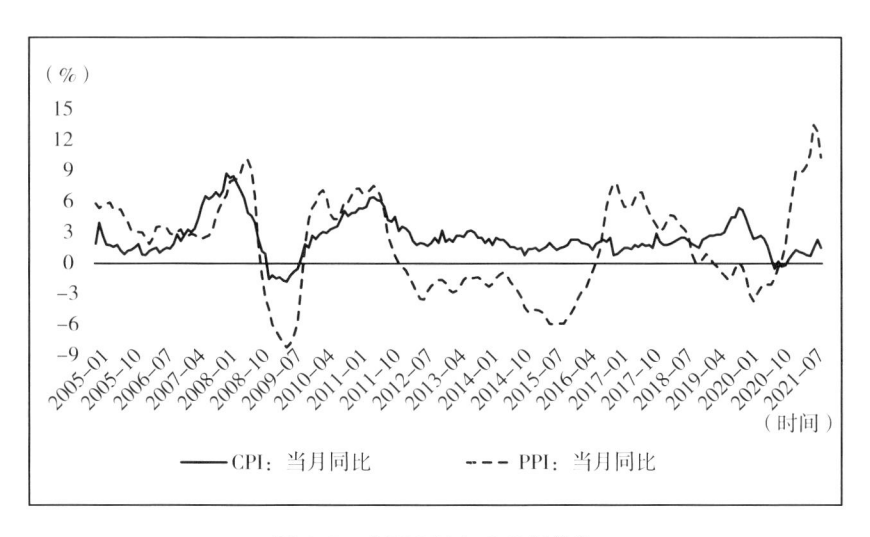

图2-3 中国PPI与CPI相关性

资料来源：Choice数据。

在产业链中上游，产业格局往往是以垄断竞争为主，有些行业甚至是寡头垄断，涨价能力较强；而产业链下游往往是完全竞争状态，哪个企业先涨价就会损失市场份额，因此不得不忍受上游传导过来的成本上涨压力。

2020 年下半年的大宗商品连续涨价，使很多产业链的上、中、下游之间的利益分配发生了重大变化，与进口大宗商品关联程度较高的煤炭、石油、钢材、有色金属等行业，产品价格大涨，销售利润率增加，行业整体利润大幅增加。据国家统计局数据，2021 年前十个月，石油、煤炭及其他燃料加工业利润总额同比增长 5.76 倍，石油、天然气开采业增长 2.63 倍，煤炭开采业增长 2.1 倍，有色金属业增长 1.63 倍，黑色金属业增长 1.32 倍；同期全国规模以上工业企业利润总额按可比口径计算只增长了 42.2%，两年平均增长 19.7%；反差更大的是，处于下游的纺织、服装、皮革、造纸、专用设备制造等行业同期利润增长不足 20%（表面上增长也不低，主要是上年受新冠肺炎疫情影响基数较低的原因），食品生产、汽车制造行业大幅落后，甚至利润负增长。

中下游民营企业生存环境更艰难

有色金属、黑色金属、石油和天然气开采、煤炭开采和化学纤维这些上中游行业，主导了能源、矿产资源和原材料供应，传统上国有控股或国有经济占比较高；而下游的纺织、服装、农副食品加工、专用设备制造等行业，通常民营资本占比更高。因此，在 PPI 高企而 CPI 滞后的过程中，往往出现国有企业业绩明显好转甚至暴增，而民营企业业绩受到压制的现象。类似的情况之前也出现过，例如，2017年1月之后，PPI超过CPI运行一年左右，就出现了这样的情形。从图2-4展示的不同性质的规模以上工业企业盈利状况来看，民营企业的利润同比增速显著低于股份制企业，更显著低于国有控股企业。

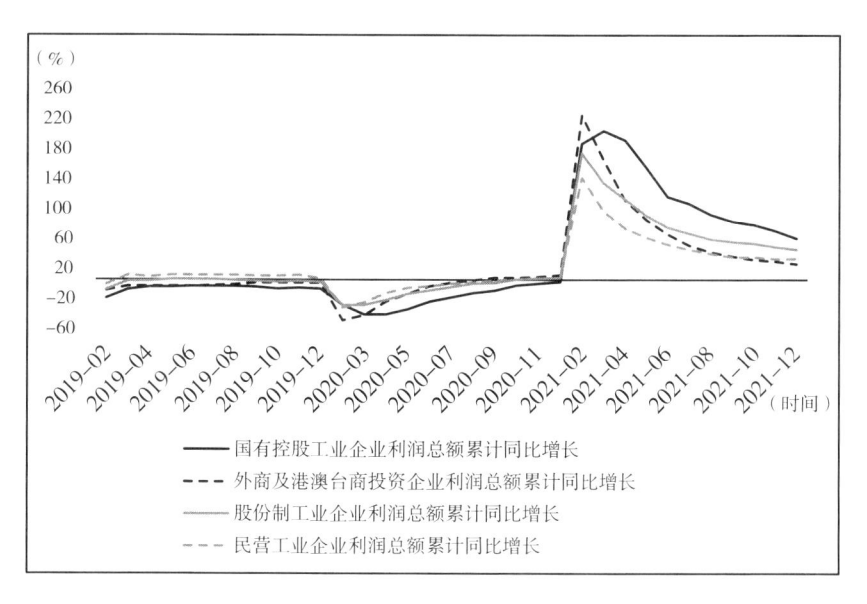

图2-4　不同性质的规模以上工业企业盈利状况

数据来源：Choice数据。

中国中小企业协会发布的SMEDI（中小企业发展指数）也显示，2021年10月SMEDI继续回落至86.1，连续七个月下降，而且一直未能恢复到疫情前92~93的正常年份水平。

PPI高企、CPI滞后的状况给民营企业生存和发展环境带来的恶化趋势，若长期得不到扭转，将会产生很多不利的影响。比如，民营企业是创造城镇劳动力就业机会的主体，如果传统民营企业生存发展环境恶化的趋势得不到扭转，将导致新增就业下降。从民营企业就业增速来看，2002年民营企业从业人员增速曾超过30%，此后逐步下滑，目前已低于GDP增速。民营企业发展能力下降还会造成居民收入增速放缓，民营企业单位平均工资增速，已经连续数年在低位徘徊（见图2-5）。

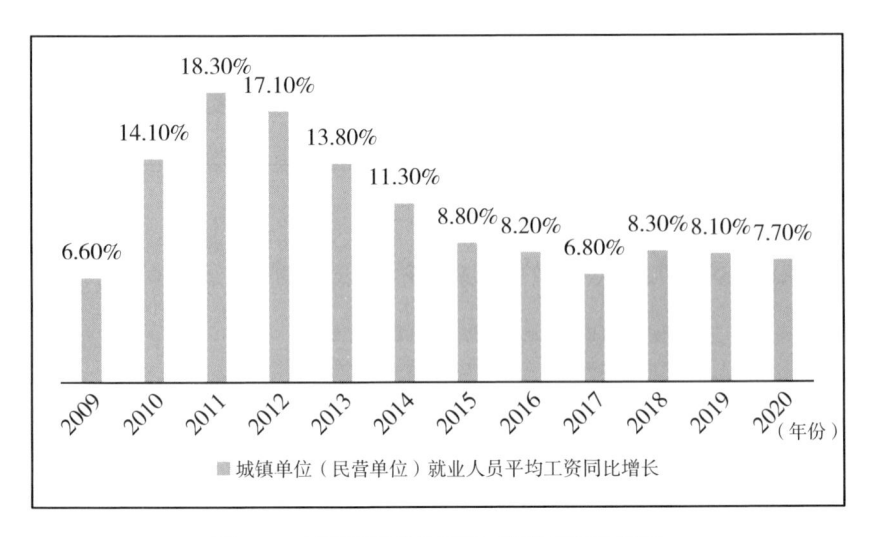

图2-5 城镇民营单位平均工资增速低位徘徊

资料来源：国家统计局。

面对供给成本上涨对下游行业利润的挤压和可能带来的物价上行压力，应从两个方面着手：一方面，从市场供需关系着手，防止过度行政干预对市场供给的扭曲，使上游能源、原材料产品价格回归到供需平衡状态，从根本上降低供给成本，缓解下游行业的成本压力和终端物价的上行压力；另一方面，尽快实施结构性减税措施，通过税收的调节作用，对冲原材料成本上升的负面影响，改变利润结构扭曲的趋势，稳定下游投资。

经济"头部化"冲击中小企业

近几年全球经济"头部化"趋势进一步加剧,很多行业的市场份额更多被头部大企业垄断,资本市场追捧头部企业,生产要素向头部企业流动,腰部企业被头部企业挤压,尾部中小企业经营环境恶化……目前欧美国家和地区已经开始重视经济"头部化"带来的负面因素,中国也加大了对新时期经济"头部化"问题的研究力度,并及时提出有效的应对措施。

经济"头部化"现象加剧

经济"头部化"的主要特征是市场份额的"二八现象"甚至"一九现象"。在某些领域,一两家大企业就可以占据一个行业90%以上的市场份额。

比如,谷歌搜索占据了全球81.5%的搜索引擎市场份额,亚马逊占据30%以上的全球云计算市场份额和47%的美国电子商务市场份额,苹果和谷歌在智能手机应用市场领域,Facebook在社交网络领域，微软在操作系统行业，迪士尼在动漫影视、主题公园等领域，都处于绝对的优势地位，越来越多的中小企业退出市场。

在中国，根据交通运输部披露的数据，到 2020 年 10 月，国内共有 8 个网约车平台月订单总量超过 100 万。其中，滴滴出行月订单量为 5.62 亿，当年推出的平台花小猪打车月订单量 320 万，两者订单合计占行业总订单量的 90.58%。

在外卖市场，艾媒咨询的数据显示，截至 2020 年二季度，美团和饿了么两家已包揽近 95% 的市场份额。在移动支付市场上，支付宝和腾讯财付通在 2019 年合计份额就达到了 94%。

在全球电子游戏市场上，排名前 20 的游戏公司总共占有近 80% 的全球市场份额。

在国内短视频社交软件市场上，以抖音和快手构成的第一梯队占据了 54.4% 的市场份额，以抖音火山版、西瓜视频、微视（腾讯）构成的第二梯队约占三分之一的份额，六家主要企业占据的市场份额超过 80%。[①]

与市场份额"头部化"相伴随的是盈利能力两极分化和向头部企业集中的趋势。从上市公司 2019 年年报数据来看，在沪深两市 4000 余家上市公司中，沪深 300 成分股公司就贡献了 60% 的营业收入和 80% 的净利润；上证 50 指数的 50 家成分股公司，则贡献了上证 A 股 43.5% 的总营收和 49.5% 的净利润。近两年盈利能力向头部企业集中的趋势更加显著。

---

① 数据截至 2020 年年末，前瞻产业研究院统计。

从上市公司的股价走势来看，大市值股票持续走强，中小市值股票则不断缩水。2019年以来，在中国股市4000多家上市公司中，市值500亿~1000亿元的公司股票上涨幅度远远大于市值低于100亿元的公司。在美国股市，苹果、特斯拉等几大网络科技股近两年的表现更为典型。2020年纳斯达克涨幅最大的前20只股票，大约贡献了市场总涨幅的95%。中国创业板也类似，2020年创业板指数上涨65%，主要来自创业板50所包含的少数个股。资本追捧头部企业不仅体现在股票二级市场，在私募股权市场、信贷市场，资金向头部企业集中的趋势也同样明显，由于资本都越发地去追逐市场上最头部的公司，不仅中小企业融资难，连腰部公司也正在被资本市场冷落甚至抛弃。

资金、人才、技术、土地等生产要素向头部企业集中，这进一步加剧了经济增长的不平衡性。在中国总共4110余万家企业中，规模以上企业只有38.3万家，占比不到1%，超过99%的企业是规模以下企业，其中又以小微企业居多。经济"头部化"趋势让中小微企业的生存和发展更艰难。

经济"头部化"的深层次原因

在市场经济条件下，一定程度的垄断竞争，以及大小企业分化是正常的。越成功的企业，盈利越多，越有能力从事研发、推广、并购等活动，从而获得的资源更多，市场份额更大。但是近年来的经济活动"头部化"现象之所以日趋严重，还有很多新的因素。

第一，互联网经济加剧了"赢家通吃"的"头部化"趋势。在传统经济中，只有供电、供水等少数行业因为巨大的初期投资而产生自然垄断特征；然而新经济中，互联网"零边际成本"的特性使得在竞争中具备一定优势的企业很容易快速扩张，一步领先，步步领先，最终形成"赢家通吃"的格局。同时，互联网经济催生了头部企业对流量、数据等软资源的垄断，而流量和数据的垄断则进一步加剧了新经济的"头部化"趋势。

第二，新的财富创造方式拓展了头部企业的规模边界。在传统农业、制造业和服务业，由于财富的创造模式离不开土地、自然资源、劳动力等传统生产要素，其生产组织方式、盈利实现方式要求企业的生产规模具有一定的边界。而互联网时代的信息产业、文化娱乐产业、知识产业、高端服务业、软价值制造业等新产业，其财富的源泉主要是资本和人的创造力，不再受土地、自然资源等条件的限制，因而很容易集中大量的资本、人才、数据等软资源，从而加剧"头部化"现象。以美国加州为例，由于具备大量的人才、技术、数据、资金等软资源，该地区的新产业发展蓬勃兴旺，头部企业完全突破了传统的管理规模边界限制，营业收入和盈利能力的增长速度远远高于传统中小企业。

第三，统一大市场催生超大型的头部企业。在各省之间存在一定的贸易壁垒时，往往会形成"诸侯割据"的竞争态势，例如中国改革开放早期的电视机等家电行业，往往是各省都有自己的电视机厂占据本地的市场，外省的产品较难进入。在全国大市场基本形成以后，领先企业可以很快在全国范围内形成自己的市场规模，在十亿级人口的超大市场推动下，一旦形成一定的规模优势，其平均成本就会降低到中小规模企业无法竞争的水平，进而不断挤压腰部企业、尾部中小企业的市场。

第四，资本的助推作用。自从支付宝和微信支付、滴滴出行和快的打车通过红包大战为新产品开路后，"烧钱"来抢占市场份额、耗死对手的做法已经成为很多新产业的惯用套路。在2014年爆发的滴滴出行对快的打车的烧钱大战中，5个月的时间滴滴出行补贴了约14亿元，快的打车补贴了约10亿元，两家全年补贴约达40亿元，最终两家网约车平台公司合并形成了更大的头部企业。2017年，美团和饿了么两家外卖平台也展开了补贴大战。据统计，美团为价格补贴投入42亿元，获得60%的市场份额，饿了么投入30亿元，获得30%的市场份额。[①]资本助推的另一个表现是，一些已经占据头部地位的企业，利用其资金、数据、客户、流量等优势，不断"跨界"进入新领域。例如腾讯、阿里利用其在社交软件业务、电商业务上积累的客户、数据、流量和资本优势，进入了支付、游戏、音视频等领域，它们与其他白手起家的创业公司相比具有明显优势，更容易形成新领域的头部企业。

第五，有关政策把对新经济"婴儿"的支持给予了新经济头部企业。一直以来，中国对新模式、新业态采取较为支持和宽容的态度，由此推动了电子商务、移动支付、网约车、生活服务O2O、共享单车等新产品、新模式的蓬勃发展。然而，在这些新领域的企业

---

① 刘文军：《互联网经济的竞争秩序研究》，《上海经济》2009年第5期。

变身为头部企业之后，很多部门和地方仍然把这些企业当成新事物，并给予婴儿般的政策支持，结果很可能纵容这些头部企业的垄断和不正当竞争行为。例如，在滴滴出行与 Uber 中国的合并案中，市场上曾经存在较强的质疑甚至反对意见，彼时商务部尽管表示正在对滴滴进行反垄断调查，但调查结果一直未能公布，实际上对形成市场垄断开了绿灯。显然，中国各级政府对新产业、新模式的扶持对于中国新经济的发展是十分重要的，但是一旦"婴儿"成长为企业巨头，就应该及时取消其"婴儿"待遇，按照企业巨头的标准来进行监管，以维护市场的公平竞争秩序。

经济"头部化"对中小企业的冲击

头部企业垄断地位一旦形成，必然影响消费者福利和其他市场竞争者的创新，在一些平台型企业上经营的中小企业也面临"租金"上涨、经营负担加重的问题。2021 年年初国务院反垄断委员会印发并实施《关于平台经济领域的反垄断指南》，已经明确对"二选一""大数据杀熟"等行为做出认定和限制，但实际上垄断型平台企业对消费者和中小企业的挤压并不止于此。

首先，消费者福利下降。例如在网约车行业，消费者已经感到垄断型平台上打车费用在上升，在部分电商平台、在线旅游平台、生活服务平台，利用大数据等技术对消费者进行区别性对待的现象屡见不鲜，消费者的数据被滥用、隐私得不到保护的危险在增加。

其次，初创企业创新动能和意愿下降。头部企业过度发展，往往导致竞争不再是技术、服务、用户体验的竞争，而是单纯比拼资本数量，最后"钱多者"通吃，形成对创新者逆向淘汰的弊病。一些大的平台企业对于好的创新、创意、创业项目，采取类似"抄袭"的手段，利用自身的资本、数据、技术等资源迅速形成竞争优势，新领域的创新企业无力与这样的对手展开竞争，要么失败退出，要么被并购，这样的局面也不利于新行业形成良好的市场生态。

最后，中小企业负担上升。随着经济数字化程度的加深，越来越多的头部企业，如大型电商企业、生活服务企业、网约车企业、网络文学、网络视频平台等已经成为大量中小企业和个人开展经营的平台和管道。此类平台企业滥用垄断地位，通过提升流量价格、要求经营者在寡头型平台间二选一、屏蔽其他信息渠道等各种方式来确保自身垄断地位、增加自身收入和市场份额的现象也趋于增加。例如，在生活服务平台，餐厅等开始抱怨平台提成费用过高。有餐饮企业的数据显示，某生活服务平台上，每单外卖，平台会扣点 21%，骑手配送扣点 10%，支付手续费扣去 0.4%，再算上每个优惠活动商家承担 80% 的优惠成本，一份原价 40 元的单子，餐饮企业到手往往只有 20 多元。有时平台还会要求商家加大优惠力度，或者对在两个平台同时上线经营的餐厅提高抽成比例，导致商家利润进一步下降。在电商平台，卖家为流量支付的费用也越来越高，线下经营中"商家为房东打工"的现象正在线上重演。在某大型电商平台经营的商家曾表示，一年上亿的营业额最终利润只有一两百万，其重要原因就是在平台购买流量的费用过高，然而如果不为此付费，自己的电商店铺和产品根本就不会被消费者看到。还有一些形成垄断地位的网络文学、网络视频平台，对上传作品的创作者和创作单位制定版权"霸权条款"等。

随着经济数字化程度的加深，越来越多的新兴头部企业提供的产品和服务具备了公共产品的特性，中小企业对头部企业的依赖在逐渐加深，如果对新兴的头部企业不加以合理的规制和监管，那么可能给中小企业的经营环境和成本负担带来更多的负面影响。新冠肺炎疫情冲击下，中国 SMEDI 在 2020 年一季度一度创出 82.0 的最低纪录，其后有所恢复，但力度疲弱，到 2021 年年底离疫情前 92~93 的正常水平仍有差距，说明中小企业的复苏进度非常缓慢。

总之，全球经济"头部化"现象愈演愈烈，既是互联网时代平台经济越来越大的必然结果，也有超大市场的催化作用和风险资本支持下的不正当竞争助力，同时也与过去几年政策对新经济领域的垄断巨头给予婴儿般的支持和包容有一定关系。虽然 2020 年以来相关政策对新经济平台企业的垄断和不正当竞争开始重视并加强管理，但是相较于中国对电网、铁路网、电话网、移动通信网、供水企业的价格和行为监管措施而言，还有很大的规范管理空间。与美国对谷歌、苹果等的反垄断调查，对 Facebook 收购竞争对手的起诉，对 Facebook、亚马逊滥用数据和不正当竞争的调查相比，中国对新经济领域的垄断行为的监管还有待加强。考虑到很多行业"头部化"的趋势仍然在强化，并给经济增长带来进一步失衡、失业和其他相关社会问题，我们对经济"头部化"的原因、影响和应对、拆分等问题的研究还应进一步加强。

增长不平衡与社会分化

有人说,如今美国社会分裂的程度堪比南北战争之前和越南战争之后。在这些社会分裂背后,经济增长的长期分化其实是比种族和价值观分歧更强有力的推手。中国过去 40 多年的经济增长具有很大的社会普惠性,但是未来也不得不面临不平衡增长的挑战。越来越不平衡、分化和不确定的增长模式,是各国经济、各行各业都必须面对的问题,对企业和投资者而言,自然是风险和机遇并存。

美国经济增长的不平衡及其影响

1990 年以来的美国经济,是以新经济引领全球增长的 30 年,也是美国经济严重分化的 30 年。从资本市场市值来看,1990 年美国市值最大的公司包括 IBM、埃克森美孚、通用电气、高特利、施贵宝、杜邦、通用汽车、AIG(美国国际集团)、太平洋煤电;到了 2020 年,美国市值最大的公司则是苹果、微软、亚马逊、Alphabet(谷歌母公司)、Facebook、特斯拉、维萨、强生、沃尔玛、摩根大通;2021 年,维萨、强生等退场，英伟达、台积电上榜。可以看出，30年间榜上公司已经完全换血，曾经名列前茅的很多传统制造业企业等已经退出排行榜前列，而占据前几位的大部分都是1990年之后才成立的新兴科技巨头公司。

与上述股市市值排行榜变化高度一致的是美国各行业的增长速度和占比所反映的经济分化。据美国经济分析局（BEA）和劳工统计局（BLS）的统计，1987年至2018年，美国产出增长最快的四个行业中有三个与IT相关：计算机系统设计和相关服务（年均增长8.78%）；数据处理、网络出版和其他信息服务（年均增长8.64%）；计算机和电子产品（年均增长6.74%）。1990年到2019年，包含法律服务、专业服务、计算机系统设计和相关服务在内的"专业和商业服务"行业持续增长，在GDP中的占比从8.9%增长到12.6%；与新经济形成鲜明对比的是传统产业的相对萎缩，其中美国制造业在GDP中的占比从1990年的16.7%下降到2020年的10.8%，传统零售业也出现了持续多年的"关店潮"，梅西百货（Macy's）、西尔斯百货（Sears）和杰西潘尼百货（J.C.Penney）的闭店计划都已经持续数年。2017年美国有8139家零售店关闭，2019年全年达到9300家。据瑞银预测，到2026年，美国将有大约7.5万家线下门店关闭。

经济分化造成传统产业主导的地区经济衰落、新经济主导的地区经济扩张。以信息产业、文化娱乐、生物制药等新经济、软产业为主的美国东西海岸各州的经济持续增长，其中，加利福尼亚州的GDP占到美国经济总量的14.6%，如果将它视为一个国家，那么加州超过3万亿美元的GDP可以在世界各国中排第五位，居德国之后、印度和英国之前；而美国中西部的伊利诺伊州、印第安纳州、密歇根州、俄亥俄州、威斯康星州等在内的"锈带"地区，在进入 20 世纪 90 年代以后，除了少数城镇通过转向高科技和服务业保持了较好的发展状况，大部分经济增长情况并未好转，甚至持续恶化。

毫不夸张地说，美国经济过去 30 多年的增长，是少数行业、少数地区、少数人口的增长：从行业分布上看，美国这些年的增长主要来自电子信息产业、文化娱乐产业、教育知识产业，还有创新药、金融和房地产等高端服务业，剩下的传统制造业和传统服务业占比较少，很多传统产业的就业人口成为过去这些年美国经济增长的旁观者；从区域上看主要是加州、纽约、新泽西、大波士顿地区经济增长较快，很多中西部地区在增长中受到挤压，成为增长的旁观者；从增长的参与和受益人口上看，少数人口参与分享了增长的成果，而美国的中产阶级占总人口的比重，从最高 70% 降低到现在的 50% 左右。

从统计数据来看，美国基尼系数从 1990 年的 0.43 上升至 2020 年的 0.48，贫富差距呈扩大趋势。根据美国国家科学基金会的《美国大学博士毕业生人口、专业与就业调查报告》（2017），在 2008 年到 2017 年，美国中部各州的理工科博士大多呈流出状态，而东西海岸的州则是接纳这些高素质人才的流入状态。2020 年获奥斯卡奖的纪录片《美国工厂》，一开始就表现了俄亥俄州的代顿市在通用汽车的工厂关闭后，当地工人失去工作和收入的困窘情景。

2019 年，美联储理事莱尔·布雷纳德（Lael Brainard）在一次演讲中指出，自 1989 年以来，处于 40%~70% 分位的家庭，其财富增幅远远落后于 70%~90% 和 90%~100% 分位的家庭。有人认为，美国的家庭收入结构正在从良性的"橄榄型"向两头大、中间小的"哑铃型"演变。

不平衡增长加剧了美国的社会分化和分裂：大量传统产业、相关地区和人口被这种不平衡增长"甩下车"，由此产生并积累了强烈的不满情绪，很多原本可以淡化、隐藏的社会冲突和矛盾不断爆发出来，放大了种族、文化、政治观点的对立。

特朗普虽然曾于 2016 年利用这种经济增长的不平衡和社会分化成功当选了美国总统，然而他除了利用上述分化捞取选票之外，并不能从根本上改变这种严重不平衡的经济增长现象，反而制造了更严重的社会分裂。

中国经济增长的普惠性与未来不平衡增长的风险

总体而言，过去 40 多年中国经济增长是有很大普惠性的，各地区、各行业、各阶层的人口都享受了这 40 多年增长的成果。然而，值得警惕的是，未来中国经济会不会也出现产业、区域、人口和收入的巨大分化？

2020 年，同样是受新冠肺炎疫情的冲击，中国的信息产业增加值同比增长 16.9%，制造业增加值只增长了 2.3%，而住宿餐饮业负增长 13.1%；而在 2019 年，这三个行业的增速分别是 21.6%、4.7% 和 5.5%，疫情前远高于疫情后。各种新经济、新业态在带来新增长的同时，正在对传统业态形成全面碾压和挤出。

中国的区域经济差距也在扩大，装备了新经济引擎的长三角、粤港澳大湾区和少数都市圈，迅速把那些以传统产业为增长动力的地区甩在后面。2020 年，中国软件业同比增长 13.3%，其中，广东、江苏、浙江、上海等东部地区占了收入的 80%，中部和东北地区分别只占 5% 和 3%。工信部全国遴选的 25 个先进制造业集群中，长三角有 10 个，珠三角有 6 个，地域之间的不均衡性也非常显著。2020 年中国经济规模前五的省区市 GDP 之和已经是后五名的 17.37 倍，未来这个差距还将进一步扩大。随着越来越多的高级生产要素继续向京津冀、长三角、粤港澳大湾区、成渝经济区等新经济的增长极聚集，在以传统产业为主导的中西部、东北地区会不会有更多城市成为未来经济增长的旁观者？

根据第七次全国人口普查的数据，2010 年到 2020 年的 10 年间，甘肃、内蒙古、山西、辽宁、吉林、黑龙江等 6 省人口萎缩，分别减少 55.5 万人、65.7 万人、79.6 万人、115.5 万人、337.9 万人、646.4 万人，而人口净流入的城市则集中于珠三角、长三角和成渝地区，如广东省增加 2170.94 万人，增长 20.81%；浙江省增加 1014 万人，增长 18.63%；重庆市增加 320.8 万人，增长 11.12%；江苏省增加 608.7 万人，增长 7.74%。随着高铁等现代化交通设施、互联网等信息手段的普及面越来越广，人口的流动率还将进一步提高，越来越多的年轻人会选择向新经济、新产业发展机会多的城市聚集。

各行业、各阶层收入差距的扩大可能比区域收入差距更加明显。根据国家统计局的数据，2020 年信息传输、软件和信息技术服务业就业人员的年平均工资为 17.53 万元，中层及以上管理人员的年平均工资为 33.89 万元；而制造业就业人员的年平均工资为 7.46 万元，管理人员的年平均工资为 15.30 万元，均有一倍左右的差距。

虽然过去 40 多年中国经济增长的普惠性要远远大于美国，但如果未来 30 年中国经济也面临类似美国的经济增长大分化，中国的企业、家庭和社会公共治理该如何应对？为了避免类似美国的经济增长不平衡与分化，中国经济增长模式需要如何转型？

深度转型实现共同富裕

在新的经济发展阶段，新经济的发展速度高于传统产业，这本身既是生产力进步的表现，也是难以逆转的经济客观规律。不过在尊重经济规律的同时，也要清醒地认识到这种不平衡增长所必然带来的经济分化和社会分化，并从社会管理机制上前瞻性地做好应对。

无视未来的经济不平衡增长规律，不接受传统产业增速必然回落的规律，是不理性的。在某些地区，继续发展已经产能过剩的传统产业，不可能为这些地区提供振兴的机遇，只会让它们在复苏的路上背上更重的包袱。对于某些地区阶段性出现的经济增速放缓、人口流出等现象，既要深入研究采取对策，也要以平常心看待。资源、产业和人口按照市场化规律流动，是不可阻挡的经济规律；过了特定阶段，一旦生产要素价格和边际生产率发生变化，资源流动就会重新选择方向。

对于新老更替的经济规律，既不能对抗，也不能消极等待、被动接受，正确的做法是根据新经济发展的规律，在支持新技术、新产品、新业态、新模式的同时，加快传统产业的转型升级。在满足人民美好生活需要的新时期，传统制造业、传统服务业的转型升级应该更加注重研发、设计、品牌、体验等软价值的创造，通过产品创新、内容创新、体验创新来引领人们生活方式的变革，创造新需求。那些传统产业主导的地区，也必须掌握新经济发展的规律，从打造软环境、导入软资源入手，培育本地区发展新经济、新产业的动态比较优势。

针对新经济发展中出现的"头部化"情况，一定要区分新经济中的"婴儿"和"巨头"。对于头部平台企业，既要保护平台或企业的创新能力、国际竞争力，又要对其垄断、不正当竞争等行为予以监管，并兼顾中小企业平等发展的权利；在执法中，则须准确识别垄断协议、滥用市场支配地位和违法实施经营者集中等市场垄断。不仅如此，必要时可以向这些新经济巨头开征"数据资源税"等，用以补偿安置和培训传统产业转岗人员的财政开支。

面对产业分化、区域分化和人口收入分化，仅仅靠财政转移支付是不够的，必须推动更科学的收入分配体制改革，除了增强中低收入地区、产业和人口的造血能力之外，还应在初次分配中减少资本和土地要素获得的超额收益，减少垄断资本的超额收益，提升劳动者、管理者、技术人员的收益，把更多的中低收入者变成中等收入者。

除了各种扩大就业的政策，还要充分认识到新时期财产性收入对工资性收入的补偿作用，并积极利用资本市场培育和壮大中等收入群体。过去30年，虽然美国很多家庭的工资性收入相对减少，但美国股市上涨所带来的财产性收入成了美国中等收入家庭的主要收入增长来源之一，从而使很多在传统产业转型中受到冲击的家庭生活水平得以保持和提高，资本市场几乎成了美国最大的社会稳定器。相对而言，中国资本市场 1.9 亿投资者在总人口中的占比还较低，资本市场带来的收益对于国民收入的普惠性还不够，政策对资本市场的定位也偏重融资功能而忽视其投资回报功能。当一个国家进入相对较高的发展阶段后，不论是对一个企业还是一个国家而言，国民作为股东的资本收益总额相对于工资所得而言必然越来越重要，此时如果创造条件让更多的家庭成为中国经济的"股东"、享受国民经济的资本所得，将有利于未来经济大分化时代的社会稳定。

总之，新的历史时期，需要关注的不仅仅是增长，还有增长的普惠性和共同富裕。为了实现兼顾增长与共同富裕的战略目标，无论是企业，还是政策，都必须进行深度转型，探索新的增长模式。

第三章　从决策观念到经济政策的深度转型

最近几年，中国经济决策部门在推动高质量发展的同时，一直在致力于稳增长：2020年全面贯彻"六保六稳"，2021年通过扩大内需来稳增长，2022年更是强调"稳"字当头、"稳"中求进。然而，为什么中国经济增速下行趋势依旧，且稳增长的政策效果在递减？显然，新的历史阶段，中国经济政策的决策观念、决策和执行机制都需要适应新的增长动力结构变化，进行深度转型：包括扩大内需的观念和战略转型、供给侧的结构和动力转型，以及探索新的对外开放战略。

后基建时代，稳增长还能靠投资吗

2021年年底，中央经济工作会议提出三重压力、定调稳增长以来，中国学界各种建议颇多，大部分仍然是建议"稳投资"。比如余永定先生认为"维持一定的基础设施投资增速是实现经济增长目标的重要手段"；"中国的基础设施投资基本上可以由政府控制"；"在经济持续下行、预期不振的情况下，推动经济增长职能主要依靠基础设施投资"；基础设施"绝不限于'铁公机'这样的老基建，还包含着新基建以及一系列软性公共产品的提供"；"基础设施的可控性来源于中国的制度优势，是其他国家（包括美国）想学而不得的优势，放弃这种优势无异于自废武功"等。[①]李扬先生也发表文章力挺扩大投资稳增长，认为"我们必须清楚，中国的经济增长，过去、现在以及未来相当长时期，都是投资驱动型的。"后基建时代，稳增长真的还能靠投资吗？

---

① 参见余永定《关于宏观经济问题的几点看法》，2022年1月。

投资贡献下降，稳投资不可持续

2020年面对新冠肺炎疫情的冲击，中国政府主要靠扩大投资来稳增长，中国面临巨大的需求收缩压力。2020年人为扩大投资的结果是，当年投资对经济贡献迅速扩大到80%以上，2021年投资对中国经济的贡献却下滑到20%以下，四季度投资对经济增长贡献为负。

2009年中国曾经靠扩大投资稳增长，结果是2010年之后连续10年的经济增速下行。2020年靠人为扩大投资稳增长的结果在2021年下半年已经显现，靠扩大投资稳增长缺乏可持续性，且留下地方政府债务问题、房地产问题、大部分特色小镇空城等诸多隐患。

扩大投资的确曾经是我们的制度优势，但是在消费占GDP超过2/3的历史新阶段，如果我们只擅长扩大投资，只擅长以"报项目、审批项目、上项目"为主的投资驱动体制，不重视、不擅长、不情愿去扩大消费，那么曾经的制度优势，在未来的全球竞争中，就会变成我们的决策劣势。

新基建固然很重要，但每年几千亿元、上万亿元体量，在中国每年五六十万亿元的固定资产投资规模中，实在挑不起大梁，且大数据中心、5G、软件投资等新基建大部分并非由政府决定，而是由企业、风险投资主导的商业化项目，有其自身的发展规律。

"中国的经济增长，过去、现在以及未来相当长时期，都是投资驱动型的。"这显然与事实不符。总体来看，中国投资已经难以像过去10年、20年那样再拉动GDP增长50%以上，投资对中国经济增长的贡献率在2018年是43.2%，2019年是31.7%，2020年是

81.5%，2021年为13.7%。

如果剔除2020年新冠肺炎疫情冲击下消费负增长、投资贡献被动上升的特殊性，可以看到投资对中国经济增长的贡献明显呈逐年下降趋势，且每年下滑的幅度很大。过去中国经济的确是投资驱动，但现在已经不是投资驱动，将来更不是。

后基建时代，投资下滑不是短期或周期性因素

2021年下半年至今的中国经济增速下行的确有投资下滑过快的原因。但是，造成中国投资增速下滑的主要因素是周期性和短期因素，还是长期性和结构性因素？

从历史的角度来看，中国快速工业化和快速城镇化的时期其实正在成为过去式，人口城镇化速度放缓使房地产及基础设施投资的需求都大幅下降。经过多年建设，国内机场、公路、铁路的供给相对完善，中国实际上已经进入了后基建时代。后基建时代，从基建项目上看，各地并没有大量的投资需求；从中央和地方财政上讲，存在巨大的债务压力。这种情况下基础设施投资增速的下滑，恐怕是不以人的意志为转移的一个历史规律。后基建时代的中国，如果再继续人为扩张投资，可能既形不成生产能力，也形不成真正的公共服务能力，而且还会造成巨大的人力、物力、财力浪费。

中国的房地产投资2021年下半年也出现了收缩，其原因大部分是中长期因素，比如人口城镇化速度放缓、居民收入增长速度下滑、房地产金融去杠杆、投机和投资性购房需求减少等。从房价来

看，全国 70 个大中城市房价有 1/3 的绝对价格在下跌过程中，剩下的 2/3 成交量也出现了明显的萎缩。更值得重视的是，2021 年北京、杭州、广州等很多城市出现了大比例土地流拍，预示着近两年的房地产开发投资增速可能要大幅度下滑。这不仅仅是短期债务问题的影响，而是一个地产黄金时代的结束。

受多种因素影响，甚至连企业的厂房设备投资增速也从前些年的两位数开始大幅回落。

2022 年年初，复旦大学经济学院院长张军在接受网易研究局的采访中讲道："后基建时代的经济跟基建时代的经济是不一样的，增长的来源不一样，增速也不一样，商业周期也不一样，政府的角色肯定也不一样。"

2020 年 3 月疫情最严重时，张军院长还是支持靠投资来稳增长的，认为消费是内生变量，为什么两年以后，张军院长对投资驱动的观点有如此大的变化？答案来自实践调研，张军院长说："我最近听一些沿海发达地区的政府官员说，这几年要预判未来的经济增速，普遍有一个很困惑的地方，因为基建投资无论如何都上不去了，所以从支出方，特别是从基建投资规模角度来测算 GDP 增速，实在没有可能不放缓。有些超大城市，不仅基础设施投资，连产业规划项目和旧区拆迁改造的高峰期都过去了，能够安排的投资和大型项目已经不多。"张军老师了解到的情况是一个普遍现象，这与我们调研的情况基本一致：各地方普遍反映，有稳定市场回报的基建项目越来越少，尤其是前几年推行 PPP 方式对地方的可行项目进行了相当深入的梳理和挖掘之后，即便有财力支持，在较短时间内提供大量的可用于基建投资的项目也已经不像以前那样容易，很多地方政府挖空心思研究项目、编项目，其实是"巧妇难为无米之炊"。

张军院长和我们的一线调研结果很清楚地解释了基建投资下滑的本质原因。2021年中央实际上对投资有3万多亿元的专项债安排，但是地方没有那么多项目，怎么搞投资驱动？

总之，投资很重要，但如果无视经济发展新阶段的客观规律而永久扩张，则必然受到经济规律的惩罚。

稳消费还是稳投资的认知差异

面对经济增速的下行压力，中国经济决策部门习惯性地把"稳投资"作为首选；而同样面对疫情对经济增长的冲击，美国、日本以及欧洲一些国家却不约而同地选择了向中低收入者发钱这样的"稳消费"政策。

面对经济增速下行，相对于稳消费，中国政府为什么更倾向于稳投资？

首先，从决策观念上，中国的一些决策部门和执行部门长期以来已经形成了一套约定俗成的观念，认为只有形成投资项目才看得见、摸得着。稳投资既方便考核，又体现政绩；既形成短期需求，又形成长期供给。

其次，由于中国长期以来大部分逆向调节的决策机制和机构设置都是围绕投资展开的，因而形成了从上到下的一整套决策和执行机制，比如从中央决策部门到国家发改委的发展战略和规划司、固定资产投资司、基础设施发展司、财政部预算司、经济建设司,到地方的经济部门和专业干部团队,有一套成熟的围绕选项目、报项目、审批项目的决策机制和执行团队。

在这样的决策观念和决策体制下,以投资项目为核心的稳增长计划,不但在中央层面决策毫无障碍、容易通过,而且也能够获得实施的机制和财力保证。正因为如此,每年数万亿元的预算内资金、地方专项债、各级地方土地财政资金主要用来支持扩大投资。假定有这样一个提案:发行6万亿元的特别国债,用来给6亿月收入只有1000元的中低收入者发钱或发消费券,平均每人1万元,三口之家3万元,五口之家5万元,用来刺激消费、稳增长。这在决策层面,显然观念冲击太大,不符合传统决策观念;在执行层面,发改委、财政部似乎也没有类似消费司、居民收入促进司这样的执行机构。

历史上,在计划经济体制下,我们曾经长期重视重工业而忽视轻工业,造成生活资料短缺、经济增长结构严重失衡。如今,我们又受陈旧观念、体制惯性和决策惯性的影响,在走过投资驱动的特定阶段后想继续依赖房地产和基建投资来稳增长。这不但难以达到预期的效果,而且还有可能加大增长动力结构的失衡,降低财政资金的使用效率,弱化经济增长的可持续性。

在消费对经济增长的贡献已经超过65%、基础设施相对完备的背景下,只有靠最终消费拉动的经济增长,才是真正可持续的增长。

然而,很多中国学者却认为把资金发给消费者并不能带来持续的正向影响,要么沉淀、"打水漂",要么一次性消费完,人为刺激消费是"无水之源、无本之木",而且其影响和效应不好考核。这种观念显然是错误的，在新的发展阶段，那些既形不成最终消费，又形不成现实供给，而是挖空心思编造出来的投资项目，才是所谓的"无源之水、无本之木"。资金进入居民手中形成最终消费不但不是"打水漂"，而且是"乘数效应"的开始：在那个大家都熟悉的"萧条的小镇"案例中，一个旅人拿 100 块钱去旅馆住宿，店主把赚来的 100 块钱给了屠夫买猪肉，屠夫把赚来的 100 块钱用来理发，理发师又把这 100 块钱买了衣服……萧条的小镇复活了。由此可见，消费复苏才能带动经济的可持续增长。

如何稳消费

消费不完全是经济内生变量，而是与投资一样，是可以通过政策手段和经济杠杆来影响的。从传导机制上看，促进消费复苏的办法有很多，可以从增加居民收入、推动地方政府考核机制转变、降低居民储蓄率、推动股市"慢牛""长牛"、稳定老消费、刺激新消费等多方面入手（见图 3-1）。

考虑到消费与城乡居民可支配收入正相关，应该在各地地方政府的政绩指标中将居民收入增长、社会消费品零售总额、调查失业率等与收入、消费、就业相关的指标排在最优先的位置，并提高考核权重。这是体现新时期经济增长结构特点、推动高质量发展的应有之义。

稳就业是提高居民收入的最重要途径，因此应该把稳就业、创造就业机会、支持创业作为提高居民收入的最重要的长期政策。

考虑到中低收入人群的边际消费倾向较高，不应该简单否定各地发放消费券的做法，而应该由中央财政统一给全国中低消费者发放消费券或消费补贴。

股市的"慢牛""长牛"也能增加中等收入群体的财产性收入，因而对提高居民消费能力有较大的促进作用。值得警惕的是，快速上涨的"疯牛"不但无助于消费增长，而且一旦崩盘会产生"负财富效应"打击消费。因此，维护资本市场的健康稳定发展，对于持续扩大消费也具有十分重要的意义。

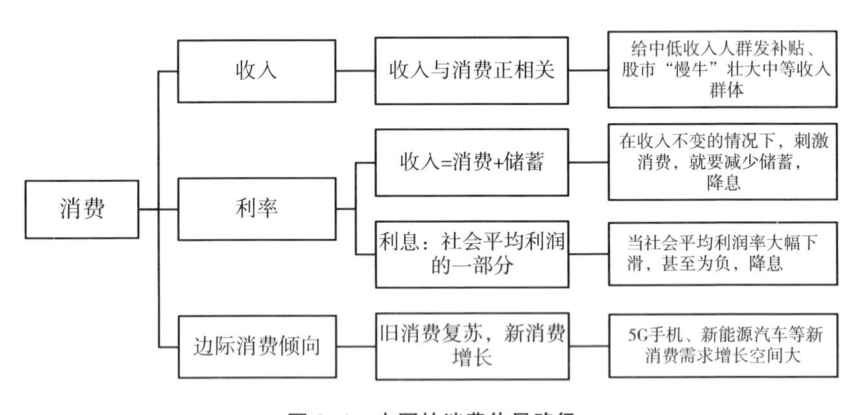

图 3-1 中国的消费传导路径

近几年中小企业和个体经营收入增速下降明显，因此针对中小企业和个体工商户的减税降费政策，对于提高个体经营收入有十分重要的意义。

社会保障和收入预期是影响居民消费倾向的重要因素，因而为了提高居民消费倾向，应该继续建立健全各项社会保障机制，引导预期。

正常情况下，利率的变化与消费负相关，利率越高，越有利于提高储蓄倾向，降低消费倾向；利率越低，越有利于降低储蓄倾向，提高消费倾向。因此，降息一直是各国为了稳定消费所使用的常规政策。面对疫情的冲击，中国的降息幅度远远小于欧美，即使2021年中央经济工作会议定调稳增长之后，降息力度也远远不够。由于储蓄利率偏高，中国在居民收入增速持续下滑的情况下，家庭储蓄还在以两位数的速度增长（见图3-2）。储蓄倾向的提高，就意味着居民消费倾向的降低。可以考虑大幅降息，必要的情况下降息到零利率，这样才能大幅降低居民储蓄倾向，提高边际消费倾向。

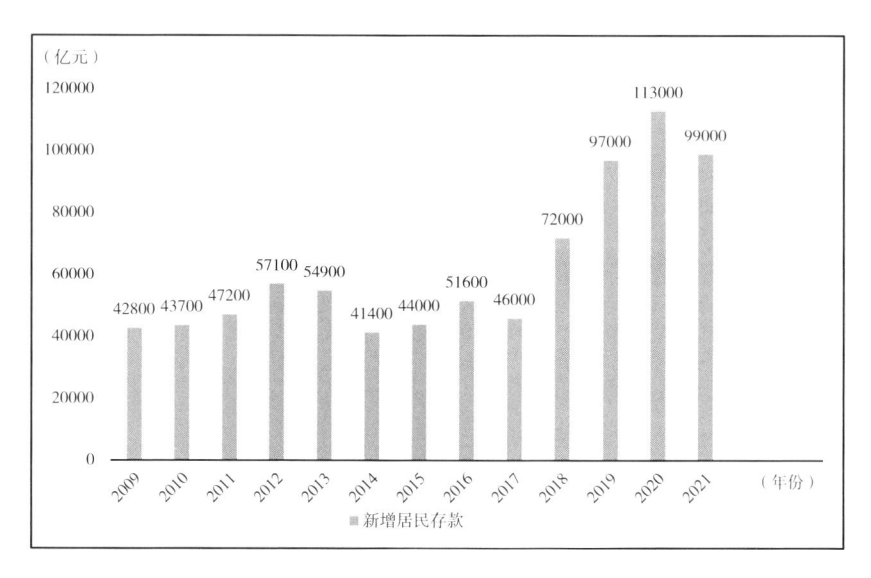

图 3-2　2009—2021 年新增居民存款

资料来源：中国人民银行。

从不同类型的消费传导机制来看,要区分老消费和新消费的不同消费弹性。由于老消费的需求刚性大、需求弹性较低,因此老消费的恢复重在增加居民收入、降息等宏观政策,以及疫情后人员、商品正常流动。而以智能手机、新能源汽车等为代表的新消费,不仅符合未来经济结构升级的方向,而且需求弹性大、消费乘数效应大,应该是扩张消费的重点。

后基建时代如何稳投资

当然,投资对中国经济的长远发展和短期稳增长很重要。在不脱离实际需求和政府财力的前提下,无论是传统基建、城市地下管网建设,还是数字新基建等,都有一定的发展空间。

然而,后基建时代稳投资必然以企业和市场化投资为主,其具体方法应该与基建时代有所不同,对此复旦大学张军院长的观点值得重视:"在基建投资高峰已经过去的时代,政府需要从过去促进经济增长的做法中超脱出来,至少很多做法上要改变。如果不再可能依赖大规模的基建投资来推动 GDP 增长,包办式政府就不再是增长的保障,政府的角色应该转变为市场和市场主体的维护者。""政府的主要工作就应该是保障创新和使创业活动变得更容易更自由,不能再像过去那样,由政府来规划和遴选大项目落地,然后通过配套项目和资金,形成当年 GDP 的增长。"

国务院发展中心原巡视员魏加宁也认为:"投资要靠改革,不能靠刺激。"这不仅与张军院长的看法有相似之处,而且与我的新供给经济学主张相吻合：投资还是靠企业市场主体，政府稳投资的发力点应该是深化"放管服"和营商环境改革、大力减税降费、全面放松供给约束。

决策观念和执行体制改变并非朝夕之间的事，不论是大体量的消费补贴，还是大幅度降息等措施稳增长，都需要解放思想、转变决策观念。尽快把政策资源和重点全面转到稳消费的有效措施上来，适当扩张投资也是应有之义。只有消费、投资增速同时良性恢复，才能助力内需全面扩张，形成国内大循环为主体、国内国际双循环相互促进的新发展格局，让中国经济行稳致远。

财政政策和货币政策的角色转换

由于中国多年来稳增长都是靠投资驱动，一直实施积极的财政政策，中央政府财政赤字屡创新高，地方政府负债率更是逐年攀升。虽然财政部公布的中央和地方政府债务总额只有 50 多万亿元，但未公布的地方隐性债务规模更大。随着土地出让金收入等地方非税收入大幅下降，可投资的基建项目也越来越少，积极财政政策的空间和边际效应显著递减。而长期受到"放水"舆论压制、一直隐忍的中国货币政策，不但留下了较大的降息和量化宽松空间，在"后基建时代"对稳增长的边际效应也更大。

疫情以来中国降息力度远远不够

新冠肺炎疫情发生以来，虽然为了化解经济运行压力，中国货币决策部门也增加了货币投放，并曾阶段性地引导市场利率小幅下行，但总体货币宽松力度较小，降息的幅度也非常有限。

从图 3-3 来看，2020 年一季度国债收益率曾有阶段性下行，但二季度以后又趋于上行,并且很快回到疫情之前的利率水平。2021年二季度以后,虽然又有下行趋势,但总体利率下行幅度有限,绝对利率水平与疫情之前相差无几。

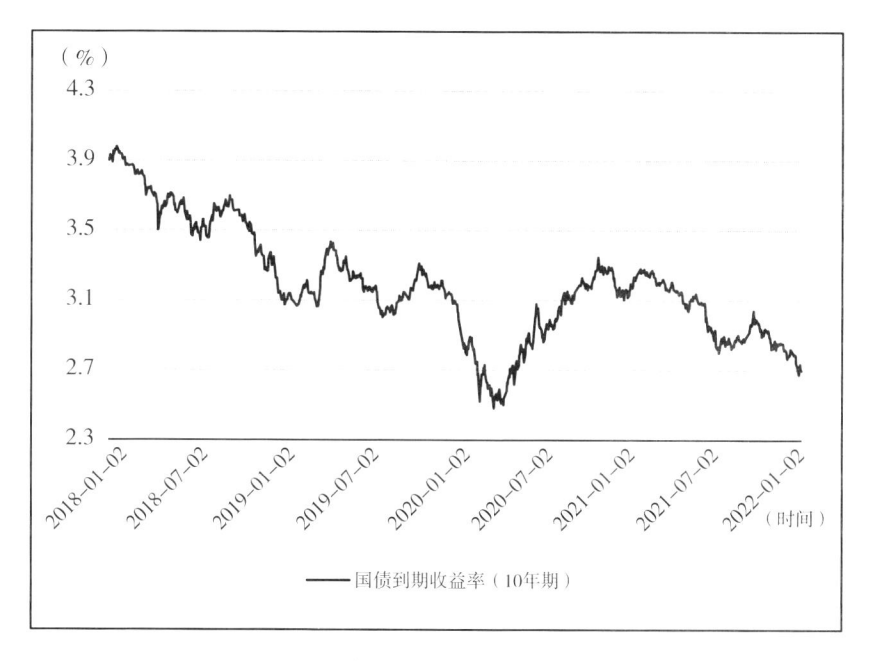

图 3-3 中国十年期国债收益率变动

数据来源:Choice 数据。

事实上,这些金融市场利率的小幅下降并不意味着企业实际融资成本的下降。以反映中小微民营企业的全国地区性民间借贷综合利率指数(温州指数)为例,2017年以来并无明显下降,总体仍然处于14%~15%的较高水平(见图3-4)。

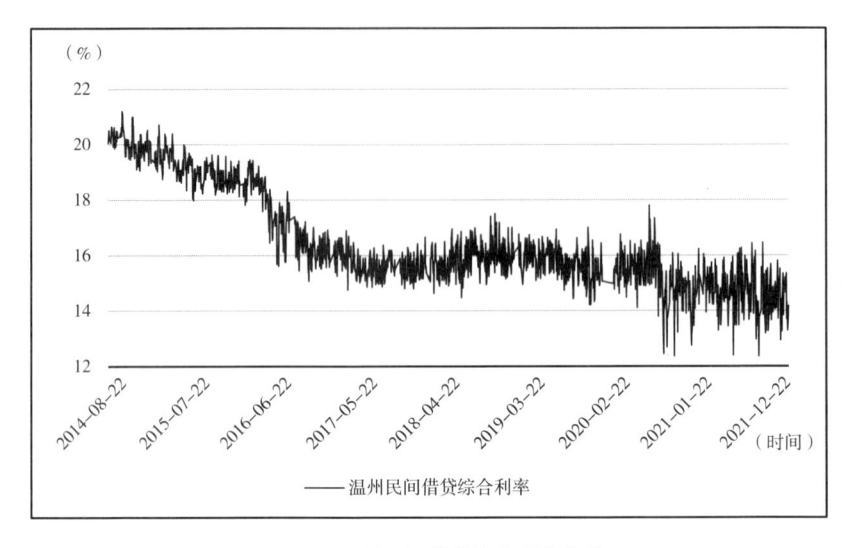

图 3-4　温州民间借贷综合利率指数

数据来源：Choice 数据。

高利率是消费低迷的重要原因之一

由于近几年中国基本没降息，中国的实际存款利率远远高于发达国家，定期存款利率较高，一年期银行理财产品的利率平均在 3.5% 以上。长期保持较高的存款利率，变相鼓励了储蓄，这也是造成中国消费恢复缓慢的主要原因。如果存款利率不能尽快调低，居民储蓄偏好还会增加，消费倾向会进一步降低。

考虑到中国最终消费在 GDP 中占比已达到 65% 左右，以及消费复苏缓慢已成为扩大内需的短板，稳消费应该是中国经济持续增长的重中之重，而稳消费除了增加居民收入、提高社会保障水平等长期政策之外，短期能够灵活调节的最大的政策变量就是利率。

据了解，货币决策部门长期不愿意调低存贷款基准利率的原因是"保护存款者的利息收入"。事实上，对于类似于日本那样的人口结构富裕老龄化的社会，存款者的利息收入确是其居民收入的重要组成部分，而当前中国月收入 2000 元以下的人口有六七亿之多，他们收入的主要构成部分就是工资或劳务性收入。对于当前中国这样的收入结构，用"保护存款者收入"这样的理由维持较高的利率，结果只会是富裕阶层的储蓄收入得到保护，而让总体消费倾向不断降低。

从中国居民家庭负债成本来分析，仅住房按揭贷款就高达 38.3 万亿元，总负债超过 50 万亿元，沉重的利息负担是挤出居民消费的重要因素，从减轻家庭债务负担的角度，降息对稳消费也可发挥积极作用。

高利率是投资低迷的重要原因之一

从社会平均利润率的一般原理出发，任何形式的利息都是社会平均利润率的一部分。受到疫情冲击后，各行业的平均利润率大幅下降，在这样的背景下不大幅降低贷款利率，是不符合社会平均利润率一般规律的。

从降低企业成本的角度分析，降息对降低企业成本的效果远远大于任何财政政策，以当前中国非金融企业超过百万亿元规模的贷款余额计算，实际贷款利率每降低一个百分点，可降低企业融资成本万亿元以上。

从降低中央和地方政府债务成本的角度分析，降息也可以极大地降低中央和地方的债务利息负担。按照财政部公布的数据，截至2020年年末，地方政府债务余额25.66万亿元，中央政府债务余额20.89万亿元，全国政府债务余额46.55万亿元。考虑到2021年的新增情况，当前中央和地方显性的债务总额50万亿~55万亿元。如果把各地方政府隐性债务也算上，总规模上百万亿元。实际利率的降低可以大规模地降低中央和地方政府的债务成本，增强政府的基建投资和社会保障能力。

在前些年经济增速高、投资回报率高、投资需求旺盛的时期，无论是房地产投资、地方基本建设投资，还是企业投资，对利率都并不敏感。如今，随着经济增长速度的持续下滑，房地产、基本建设项目和企业的投资回报率逐年降低，融资成本已经成为房地产开发商、各地政府和企业的沉重负担。在这样的阶段，如果能够大幅降低贷款利率，不但可以极大地缓解房地产和地方政府债务危机，同时也可以从边际上提高项目投资回报，对稳投资发挥积极作用。

货币政策应摆脱舆论压制，尽快回归总量本质

由于2012年前后，社会上对之前的货币政策"放水"批评较多，笔者作为新供给经济学的提出者，为了呼吁供给侧改革，也曾在2012年撰文批评过凯恩斯主义的总需求刺激政策，批评过货币"放水"。现在回头看，过多似是而非的舆论批评客观上对中国2013年以来的货币政策的自由发挥形成了严重压制。

在上述对"大水漫灌"的舆论批评氛围下,"市场不缺钱,只是没有流到该去的地方,因而货币政策不需要更宽松,只需要合理引导资金流向"的观点逐渐成为主流。这种观点认为长期以来一方面中国的国有银行和国有企业普遍资金供给过剩,另一方面民营企业、中小微企业、个体工商户普遍反映资金短缺,货币政策应该在绝不搞"大水漫灌"的前提下,引导货币更多流向实体经济,支持中小微企业。

为了实现上述结构性目标,中国货币决策部门探索了许多方式方法,例如针对中小金融机构执行差别存款准备金率、普惠性再贴现、再贷款、普惠小微企业贷款延期支持工具、普惠小微企业信用贷款支持计划等。

上述措施对于引导货币流向实体经济、支持中小微民营企业发挥了一定作用,但并没有从根本上改变国有大中型企业和民营中小微企业的资金供给"冰火两重天"的情况,对支持中小微企业降低融资成本的实际效果并不显著,中小微企业普遍反映"缺乏获得感"。

为什么定向"滴灌"型的货币政策在实际运行中效果受限呢?因为中国的货币流向难以摆脱各种现实存在的规律的影响。

第一,中国货币流向的"大河小河"定律。金融机构在吸收存款时遵循的规律是从基层的分支结构、小金融机构逐渐汇聚到总部、大金融机构,而在发放信贷的时候,则先流向大金融机构,然后再一层层地流向中小金融机构,就如同从心脏流出的血液,总是先流向大动脉,然后再一层层流向遍布全身的毛细血管,"大河有水小河满，大河水少小河干"。

承认和面对信贷投放过程中必然出现的"大河小河"定律的重要意义在于：我们不能过于理想化地寄希望于通过精准投放或"滴灌"的方式让资金绕过"大河"直接流向"小河"，更不能期望央行投放的货币能够精准地直接流到特定的领域里，不能看到大金融机构流动性充裕，就认为"货币投放量够了，只是没有流到该去的地方"。大金融机构流动性充裕是小金融机构、小微企业可能获得信贷资金的前提条件：只有让大机构资金多到"满"，小机构才能有充分的资金供给。反之，如果像2013年"钱荒"时期那样，连"地主家也没有余粮了"，就会出现大批中小企业、民营企业资金链断裂的严重情况。

第二，中国金融机构在信贷投放过程中的"资产抵押优先"定律。不论是房地产，还是钢铁贸易企业，因为有看得见、摸得着的抵押担保品，都最受银行信贷资金青睐，而中小微企业、服务类企业、高新技术企业，能够拿出抵押的土地、厂房和商品较少，自然在融资上处于劣势。这也是我们过去多年来控制房地产等行业信贷难达到预期效果的原因：监管部门并不能改变金融机构对硬资产抵押行业的偏好，因而对房地产等行业进行信贷控制的结果只是把这些行业获得的直接信贷变为信托、资产管理产品、从其他行业转贷等方式。最终这么多年中国房地产行业的贷款总量并没有得到真正的控制，只不过是把中介环节的成本加了上去，让房地产行业的实际信贷成本提高到两位数。正是因为前些年很多民营房地产公司都以实际利率达15%的资金成本融资，才会大幅抬高市场上其他行业民营中小企业的实际融资成本。只有取消对特定行业的贷款限制，让市场来决定资金流向，实际市场利率才会真正降下来。

第三，在当前的金融机构决策体制下，中国的银行信贷资金还有个"隐性担保"偏好：凡是有"隐性担保"的政府基本建设项目、国有控股企业，都是商业银行的最爱，背后都是政府信用。如果这样的体制性偏好一时难以改变，恐怕中小民营企业信贷被"挤出"的现实就难以改变，只能默认它们通过各种方式从国有企业"转贷"，这样总比得不到贷款好一些。承认"隐性担保"定律的存在，承认和面对很多国有企业利润中都包含其作为"第二银行"向民营经济转贷款的利润，才能真正找到降低民营企业实际融资成本的方法。

第四，更不可违背的是风险/收益定律。正如"水往低处流"的规律难以改变，资金追逐高收益也是难以改变、只能遵循利用的规律。如果某些行业阶段性地预期收益较低，而金融产品能够提供更好的收益，那自然会有一部分资金先流向金融市场，再通过金融市场流向实体经济。比如，由于中国股市新股发行的超额收益，2021年新股发行融资5400亿元，定向增发再融资9800亿元，这超过1.5万亿元的资金难道不正是因为金融市场有超额回报，才先流向金融市场，又通过金融市场流向实体经济的吗？

一个值得思考的问题是，能不能人为改变资金追求高收益、回避风险的规律呢？如果不能改变，那就不能把金融市场和实体经济对立起来。又比如房地产行业，前几年收益高、风险低，任凭怎么控制，资金都争相涌入；2021年下半年以来，房地产行业的风险收益比已经逆转，此时即便出台支持房地产行业的政策，金融机构给这些企业的融资也会非常谨慎。

总之，货币政策企图引导资金流向实体经济、支持中小微企业的宏观动机是正确的，但是在现实中如果违背了上述几个市场化定律，那么无论设置多少障碍，都无法阻止江河湖水流向大海，只不过增加了"断流者"的利益；无论设置多少信贷的障碍，最终都阻挡不了资金回避风险、追逐收益的本性，结果只是抬高了终端企业的资金成本。

事实上，在全球金融史上，各国都把货币政策作为宏观总量调控政策，很少让货币政策承担结构性功能。中国的货币决策部门经过多年的"精准发力"之后，应该更加深刻地认识到货币流动的经济规律难以改变，更加深刻地体会到货币政策的总量本质：要想让中小微企业资金充裕，唯一有效的办法是让整个经济的资金更充裕；要想让资金更多流向实体经济，真正有效的办法就是让金融市场的货币供给更充足。总之，要让中央银行的货币政策回归总量本质，把资金流向交给市场规律。

社会舆论常用非专业词汇"大水漫灌"来比喻货币宽松，实际上"大水漫灌"作为成熟市场经济的量化宽松政策，并非贬义。货币政策本来应有时宽松，有时紧缩；该紧缩时就紧缩，该宽松时就宽松！不能因为"大水漫灌"这样的非专业贬义词，就让中国的货币政策永久性地丧失"宽松"的功能。

面对严峻的经济形势，中国的货币政策应该尽快摆脱似是而非的社会舆论压制，尽快实行全面宽松的货币政策，让其在中国经济稳增长中担当起应有的主要角色。

宽松货币短期内不会造成通胀和资产泡沫

2020年以来，美国将联邦基金利率压至0~0.25%的历史低点，并开启无上限的量化宽松政策，全方位向经济投放流动性；欧洲央行出台了史无前例的量化宽松政策，并将定向长期再融资操作利率下调50基点，最低利率降至-1.0%。中国央行虽然多次增加货币投放并下调存款准备金率，但相对于欧美国家而言，中国的货币宽松程度还是比较克制的。

以2020年为例，中国新增货币流动性投放不足欧美的1/5，降息幅度更是相去甚远。2020年至2021年，中国M2增速保持在8%以上的水平，虽然其间曾达11.1%，但与疫情前的正常年份相比增速并不算高；社会融资规模存量2020年、2021年两年平均增速略高于10%；金融市场利率水平随着经济复苏和资金面的宽松程度而一度走高，2021年3月才开始回落。

中国货币政策保持克制的原因，一是担心造成通胀，二是担心助推房地产或股市的资产泡沫。

从当前物价走势来看，2021年全年CPI低于1%，仍处于较低的通胀水平。尽管美国的通胀率较高，中国的上游工业通胀水平也较高，但是预计2022年上半年中国物价增长仍然可以保持在3%以下的水平。显然，2022年中国的稳增长政策必须与全球通胀赛跑，在全球通胀传到中国之前，专注于稳增长，货币政策应该尽快大幅降息，并增加货币投放。

从房地产运行情况来看，中国的房价已经处于逐步回落的过程中，此时需要担心的不是房地产泡沫，而是房价下降过快带来的"硬着陆"风险。

中国股市处于历史估值的中位数偏上位置，周期性行业蓝筹股估值都处在近年来的低位。而同时期，美股三大指数标普500、道琼斯和纳斯达克在持续10余年的牛市后，市盈率分别达到近30倍、40倍和50倍的水平。无论与历史估值相比，还是与国外增速更低的其他经济体相比，中国股市此时并无系统性风险，短期内不用担心股市泡沫，而是应防止股市持续低迷的各种负面影响。

总之，在部分城市房价已经开始下跌，股市估值基本合理，通胀率较低的特定历史阶段，面对前所未有的经济增速下行压力，为了稳增长应尽快实施更宽松的货币政策。但是这个时间窗口并不会太长，一旦物价增长水平超过3%，中国的货币政策就错过了最佳的稳增长时间窗口。不仅如此，如果在经济低迷时不敢降息，那么当通胀起来时，自然也没有加息空间，从而让货币政策失去逆周期的调控作用。

后基建时代稳增长，货币政策也应发挥更重要的作用

在快速工业化和快速城镇化阶段，投资曾经是驱动经济增长的主要力量，财政政策作为基建投资的主导者，自然发挥了更重要的作用，而货币政策往往被视为财政政策的配套措施。

在后基建时代，中国经济已经由投资驱动演化到主要由消费驱动，财政政策在基建投资方面可作为的空间越来越少，其在宏观经济中的作用将越来越多地转移到社会保障和稳消费等方面。随着基建和房地产投资增速逐步下滑，企业投资将成为新增资本形成的主体，以利率调节为主要手段的货币政策，不仅可以对消费起到重要调节作用，而且对企业主导的投资增速也是重要的调节杠杆。

同时，随着房地产市场的日趋稳定和股票市场、债券市场的成熟，货币政策对经济的调节作用除了通过商业银行信贷的收缩与扩张，还可以通过对股票市场、债券市场的影响来实现，数量化的货币政策在稳增长过程中也大有可为。

当然，货币政策和财政政策作为总需求调控的两大工具，应该相互呼应、相互支持，而不能把二者对立起来。不过，在不同的历史时期，两大政策互相配合的主次和方法还是会有所不同：在以基建投资为主导的稳增长时期，财政政策充当先锋，货币政策支持配合；在市场主体所决定的消费和企业投资越来越重要的后基建时代，货币政策莫再"隐忍"，应该发挥更重要的作用。由于新冠肺炎疫情出现后中国货币投放和降息相对保守，M2和M1增速仍处在历史较低水平，存贷款利率在全球处于较高水平，此时无论是为了降低企业融资成本、增加企业盈利，还是为了推动消费复苏、改变中国经济增长的结构性不平衡，大幅度降息或出台量化宽松政策，都可以对中国经济稳增长发挥更积极的作用。

从需求政策转型到供给和预期管理

扩大内需政策的深度转型，需求决策观念尽快适应新时期的增长动力结构，比如需求侧是投资驱动为主还是消费驱动为主、政策杠杆是以财政政策为主还是以货币政策为主，此外，要全面化解中国前所未有的经济增速下行压力，还要尽快出台更多化解供给冲击、引导良好预期的有效措施。

如何化解供给冲击

面对供给冲击有可能长期化的情况及其严重影响，中央经济工作会议提出了一系列针对性的政策。例如，专门提出"正确认识和把握初级产品供给保障""增强国内资源生产保障能力"，提出"要正确认识和把握碳达峰、碳中和""传统能源逐步退出要建立在新能源安全可靠的替代基础上……加快形成减污降碳的激励约束机制，防止简单层层分解""要确保能源供应，大企业特别是国有企业要带头保供稳价"，同时还提出要"保障产业链供应链稳定"。中央财经委员会官员也表示，初级产品，包括农产品和能源矿产等，是整个经济最为基础的部分，基础不牢，地动山摇。要增强国内资源生产保障能力，加快油气等资源先进开采技术的开发应用等。这些都是针对供给冲击提出的应对之策。

应对供给冲击，需要提升中国自身对原材料、能源和关键中间产品的供给能力，包括增强对全球资源供给方的控制和影响力；也需要逐步实现供给方的多元化，在一方出现供给冲击时可以启用备份供应方。例如，为了应对中国钢铁产业对澳大利亚和巴西铁矿石的高度依赖问题，我国逐步开发非洲的铁矿石资源，逐步实现铁矿石供给的多元化。

应对供给冲击，还需要提高市场竞争程度，避免过多行业出现垄断格局。垄断和不合理的产业竞争格局，不仅是供给冲击产生的重要根源，而且增加了成本压力向下游传导的可能性，已成为推动物价上涨、削弱经济增长的阻滞性因素。通过反垄断和反不正当竞争，限制头部企业的不合理扩张及不正当竞争，激发市场活力，减缓供给冲击带来的物价上涨压力，是全球各经济体都应当考虑的课题。中国在20世纪90年代为解除垄断而实施的一系列改革，为过去20多年的经济增长奠定了基础和动力，也为中国30年的低通胀时代奠定了基础。例如，取消煤炭工业部，拆分出若干家煤炭企业；取消化工部，拆分出若干家化工企业；取消冶金部，拆分出若干冶金企业……即便如此，少数垄断中国能源供给的大型企业，在过去几年经济增速下行趋势中，仍然可以获得成倍的利润增长，其供给冲击是造成下游企业经营困难的重要原因之一。

近年来，中国政府正试图鼓励更多的社会资本参与许多领域的公共投资，或引入私人资本让其成为老国有企业股东，以期提高现有国有企业的供给效率。但是，如果垄断企业规模过大，就有必要对这些巨头进行拆分，以鼓励竞争、增强经济活力，减轻物价上涨压力。同时，对于通过市场化成长起来的已经形成垄断地位的企业，应当加强反垄断立法和执法，有必要的情况下也可以研究对某些垄断企业进行拆分的可行性。

应对供给冲击，还应当提升重要产品和物资的储备水平，在需要时可以释放战略储备来应对。日本政府的数据显示，日本国家石油战略储备相当于145天国内消费量（4461万千升），企业商业储备为90天（2773万千升），与产油国联合储备为6天（191万千升），合计为241天（截至2021年9月末）。而美国作为石油出口国，全美战略石油储备总库容达到7.14亿桶，目前美国战略原油库存为6.125亿桶（截至2021年10月末）。[①] 中国的石油等战略储备规模还远远无法与日本、美国等国家相比，未来还需要大力加强重要战略物资的储备体系建设。

而对企业来说，面对原材料上涨，中下游企业可以通过调整库存的方式来应对，在价格逐步提升的过程中快速积累原材料锁定成本，但提库存对企业综合能力要求较高，需要对行业、产品、价格未来走势有充分认知，而且提升原材料库存的过程中会增加库存成本，对企业现金流也提出了较大挑战。

---

① 第一财经2021年11月报道。

化工、螺纹钢、水泥、焦化等中游行业，普遍会使用长协合同或买入远期合约，双方通过商定基准价及上下浮动幅度，来基本稳定未来原材料价格，避免原材料供给冲击的影响。也有部分企业会通过期货市场套期保值来锁定原材料成本，企业事先在期货市场买进期货，以防止未来买进现货时因价格上涨而造成经济损失。数据显示，中国某化工上市公司针对上游的原油、PTA、苯乙烯、乙二醇等品种保证金额度达到数十亿元，某新能源电池龙头上市公司则对上游镍、铝、铜等品种套期保值，中国某白色家电巨头对上游铜、铝、钢材、塑料等品种套期保值。当然，进行期货套期保值也需要相应的金融专业能力以及市场判断能力，一旦看错方向，企业面临的压力就会非常大。

部分中下游企业，面对可能的原材料供给冲击，会选择实施产业链的纵向一体化来应对。例如，光伏行业曾是国内竞争最惨烈的行业之一，上、中、下游一直存在着话语权的争夺。2021年硅料价格从年初每吨不足8万元涨到26万元，涨幅超200%。上游硅料企业因此利润暴涨700%以上，下游电池及组件企业则出现了亏损。中国某光伏行业单晶硅龙头上市公司除了上游多晶硅料外，在单晶硅棒、单晶硅片、单晶电池片、单晶组件，下游的单晶地面电站以及分布式电站均有布局，形成了比较完整的产业价值链，从而使企业不论是对上游通胀还是对下游波动，都能拥有比较好的抗风险能力。

开拓国内外资源、收购矿山，也是企业应对原材料供给冲击的有效战略。若企业仅有冶炼但不具备矿山资源，那么企业业绩将在上游供给冲击下大幅波动。作为全球大型矿企的必和必拓公司，目前在美洲、欧洲、亚洲、澳洲、南非等地均有相应子公司进行上游的勘探及资源项目的并购，从而保证企业行业地位及成长。国内也有相关案例，如中国某矿业集团 2009 年以 13.86 亿元收购澳大利亚第三大矿产 OZ Minerals 公司的主要资产，2014 年以约 60 亿美元的价格收购秘鲁拉斯邦巴斯铜矿，成为当时中国最大的一起海外矿业收购案。中国商务部发布的报告显示，2019 年，尽管中国对外直接投资量萎缩 4.3%，但中国对外矿业投资增长 10.8%，至 51.3 亿美元，2020 年达 61.3 亿美元。① 考虑到当前国际环境的变化，中国企业在收购方式上不得不更多考虑对方所在国的顾虑及利益诉求。

为应对美国贸易保护主义政策带来的芯片供给冲击，华为开始扶持众多国内企业，华为旗下的哈勃投资在近几年的时间里，在上游芯片领域进行多起投资，超 20 家芯片企业包含其中，涵盖了半导体材料、工具、设计、测试仪器等多个产业链环节，甚至第三代半导体都有所涉及。这些已不再是简单的财务投资，而是通过订单扶持上游企业成长，最终解决"卡脖子"问题，实现国内半导体产业的快速发展。

引导市场预期，提升企业信心

应对预期转弱，在精准防控、扩大疫苗接种的同时，应避免防

---

① 国务院、国家统计局、国家外汇管理局《中国对外直接投资统计公报》（2019 年、2020 年）。

控扩大化和一刀切，应该施行更科学的防控政策，确保服务业的预期尽快复苏。

为了提振中小微企业的信心，应延续原有的对中小微企业、个体工商户和服务等行业的扶助政策，保持原有的减税降费力度，帮助服务业走出疫情困境。比如，必要时延续对中小微企业、服务行业的稳岗稳企补贴、租金减免、税费缓缴等措施；可以尝试采用消费券等方式鼓励居民的餐饮、零售等服务消费；在继续以市场化方式对中小微企业和个体工商户予以金融支持的同时，决策部门可以更加灵活地运用价格工具，以降息降准等方式继续保持合理充裕的流动性，金融管理部门也可考虑必要时在普惠小微贷款工具之外，进一步增加针对性的再贷款额度。

缓解中小微企业当前面临的经营成本压力，要挖掘国内原材料和能源供应潜力、加快建设开发新能源、扩大进口渠道，以保障供给、促使上游价格回稳。对于中小微企业的融资需求，既要发挥地方政府为中小微企业纾困基金的作用，也要从市场角度让互联网、大数据、信息共享平台等金融科技手段走向台前，让充裕的社会储蓄资金能为更多企业可得。长远而言，仍需要积极推行"放管服"改革，放松各类要素的供给约束，营造公平竞争的环境，不仅降低中小微企业的税费负担、融资成本，也降低各项制度性成本和隐性成本。

增加居民收入、扩大内需，是构建国内国际双循环相互促进的新发展格局的必要基础。从就业和收入改善角度来看，最有效的应当是继续推进城市化进程，鼓励进城务工人员转为常住居民，增加就业机会，改善住房、教育、医疗等公共服务水平和养老保障水平；收入分配体制改革要坚持按要素贡献分配原则，减少部分行业的超额要素报酬，加快培育中等收入群体。如果相信中国的中等收入群体逐步由目前占总人口30%左右增长到50%，则人们对中国扩大内需的信心会得到极大的提升。

在行业政策方面，由于房地产业在国内牵涉面广大，且大型企业违约风险还影响到海外美元债务市场，因此避免行业的过度剧烈收缩、避免个体风险扩大为系统性风险，就成为政策调整的必要考虑。未来在贯彻"房住不炒"理念的过程中，还应系统梳理多轮房地产调控政策的利弊及政策效果，逐步从需求控制转向增加有效供给，以增加土地的有效供给来满足居民的真实居住需求和改善性需求。

保持房地产市场平稳运行，抑制部分城市的高房价，减轻学生和家长的校外培训负担，压缩药品和医疗器械定价中的虚高成分，这些政策都将有助于缓解人们面临的住房、教育和医疗难题，从而减轻家庭负担，释放消费潜力，促进经济良性循环。为了取得更好的政策效果，在政策拟议、起草过程中，可更多吸收行业协会、第三方机构、独立专家学者和相关企业的意见建议，保留立法者、执法机关和被监管者的市场听证机制，设置必要的过渡期，避免政策出台的"爆炸性效果"，避免行业和市场出现过度波动。

对互联网平台等的反垄断、反不正当竞争执法，是中国经济发展过程中完善市场经济体制、兼顾公平与效率、发挥市场资源配置作用和政府作用的必要举措，也将给中小微企业提供更好的公平竞争环境，有利于行业的长期发展。在具体执法中，鉴于这类行动对相关企业经营模式、主业方向等影响重大，所以明确政府与市场的边界就显得更重要，应以法规先行，并给予企业相应的法律上的平等对待和权利。

行业政策调整和推出改革举措还需要把握好时机、力度，并考虑可能的反馈和实际效果，避免各自为战、政策重复叠加、在短期内产生超强紧缩效果，最终出现"合成谬误"和局部合理政策叠加后的负面效应。

在追求高质量发展、绿色低碳发展过程中，碳中和、碳达峰和节能减排都是符合人们美好生活愿望的发展方向，针对这类中长期目标，相关部门和地方政府在执行中应综合考虑国内能源供给结构现状和国际能源价格变动情况，在能源转型步骤上宜先立后破，要兼顾长期目标与短期目标，切忌将长期任务短期化、简单分解，防止急于求成，以保证各项建设事业和人民群众生活的平稳过渡。

"毫不动摇鼓励、支持、引导非公有制经济发展"是党和政府的一贯方针，在新时期，应当使社会各界认识到，共同富裕不是"均贫富"，不是返回到改革开放前的那种平均主义状态，实现共同富裕是一个长期的历史过程，它建立在有利于发展生产力，有利于提高资源配置效率和劳动生产率，有利于调动人民群众生产积极性和创造性的基础之上，应按照中央有关精神积极宣传首先要通过共同奋斗把"蛋糕"做大做好，然后通过合理的制度安排把"蛋糕"切好分好的有关思想，引导企业家对政策前景有更正确和清晰的预期。

新对外开放战略

面对内循环的严峻挑战，我们既要重视扩大内需，同时也不得不更加重视外循环。事实上，2020年以来的中国经济增长，出口发挥了至关重要的作用。而一旦出口增速回落，大量商品回流国内，必然加剧国内市场的压力。

英国、德国、美国、日本等国的崛起过程，都离不开全球市场的支持，中国也不例外。关键问题是，新时期的中国经济外循环，必须有新的战略内涵，在走过稳定汇率、出口主导的外循环发展阶段之后，如何在人民币长期升值阶段进一步扩大对外投资，以资本项目和经常项目的综合平衡，推动形成新的内外均衡和双循环格局？

内循环不是传统商品"出口转内销"

2020年5月，中共中央政治局常委会会议首次提出"构建国内国际双循环相互促进的新发展格局"，同年7月末的中共中央政治局会议更明确了加快形成以国内大循环为主体、国内国际双循环相互促进的新发展格局。

如何理解"国内大循环为主体"？

首先，"国内大循环为主体"绝对不是传统商品的"出口转内销"，而是仍然要继续坚持对外开放。举例来说，2019年，中国全年出口鞋类接近100亿双，出口各类服装约300亿件。这么大的出口量是不可能完全转内销的，因此即便是以内循环为主体，还是要推进高水平的对外开放。纵观其他国家的发展历史，不论是英国、美国的崛起，还是德国、日本经济在全球的扩张，都是以将他们的产品推向全球市场为前提的。因此，中国的经济增长也必须以高水平的对外开放为前提。

新冠肺炎疫情发生以来，由于海外供应减少和欧美等国大力刺激消费，中国出口连续两年超预期增长，中国商品出口贸易额占全球的比重也由疫情前的14%~15%跃升到17%~18%，继续上升空间已经不大。虽然中国出口增速会有所回落，贸易顺差减少是大概率事件，但是出口总量还要继续增长，原有出口海外的纺织服装、机电等传统商品不但不能转内销，而且还要在人民币升值的背景下继续扩大出口。这就要求中国一方面必须更加重视国内市场、坚持扩大内需这个战略基点，同时扩大内需的战略方法必须同深化供给侧结构性改革有机结合起来，以创新驱动、高质量供给引领和创造新需求——与过去15年来的扩大内需政策有所不同，重点是扩大消费，而非投资驱动；另一方面，除了降息和提高居民收入以扩大一些旧消费之外，重点是如何引领新供给，创造对高端制造业产品、知识产品、信息产品、文化娱乐、高端服务等的新需求。

总之，中国经济的内需和外需都面临严峻挑战，如何在人民币长期升值、从贸易顺差到贸易平衡的长期趋势的背景下，既能够充分利用国际市场扩大外需，又能利用国内市场扩大内需，形成国内国际双循环相互促进的新发展格局，才是高水平对外开放的突破点。

人民币相对购买力平价提升

在经济增长率、劳动生产率相对稳定的情况下，影响购买力平价的主要是两国物价指数的变化，而两国物价指数的变化差异本质上是由两国货币发行量对比决定的。在总供给确定的情况下，发行增加较快的货币品种，绝对购买力会快速降低，货币将会相应贬值；而发行增加较慢的货币品种，绝对购买力下降较慢，货币将会升值。

从美联储和中国人民银行资产负债表的扩张速度来看，过去几年美元供给大大快于人民币的事实已经形成，且短期内无法逆转。新冠肺炎疫情发生后，美联储再度实施量化宽松，资产负债表扩张了一倍，而从 2020 年 1 月到 2021 年 10 月，人民银行的资产负债表只扩张了 5.7%。两种货币绝对购买力平价的变化，是造成人民币汇率对美元升值的最重要原因。

双顺差推动人民币长期升值

中国经常项目长期保持顺差，尽管在2015年以后连续三年下降，但新冠肺炎疫情冲击了海外供应链，推升了对中国产品的需求，导致2020年、2021年中国出口大增，经常项目顺差持续扩大。2020年中国贸易顺差为5350亿美元，2021年达到创纪录的6764亿美元，同比增幅都在25%以上，这是造成人民币升值的重要原因之一（见图3-5）。

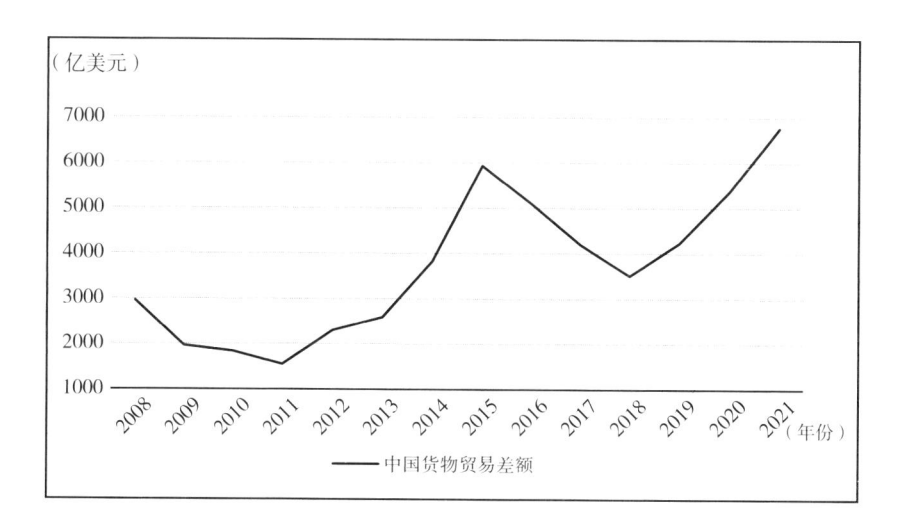

图 3-5 中国货物贸易差额变化趋势

数据来源：海关总署。

从资本项目来看，目前中国国内较高的利率水平与欧美国家普遍实行的低利率、零利率政策形成了明显的利差，这对资本项目的长期流动构成了持续的吸引力。2021年以来，中美利差逐步缩小，到年底两国10年期国债名义利差在1.25个百分点左右（见图3-6）。

图3-6　中美两国10年期国债收益率对比

数据来源：Choice数据。

此外，各国的主权财富基金、指数基金纷纷增加在中国市场的投资权重，通过QFII、沪港通、深港通等渠道增加对中国股市的投资，2021年前十月债券通与股票通两项合计，外资净流入5806亿元，增长40%。

各国跨国公司对中国的FDI（国际直接投资）也有回升。中国商务部的数据显示，在2020年中国实际利用外资接近1万亿元人民币的基础上，2021年再增14.9%，达到11493.6亿元，规模创下历史新高。

外资持续流入使中国境内外汇供大于求，也助推了资本项目下的人民币升值。

人民币作为储备资产和结算货币的需求增长

从中长期来看，人民币作为储备资产的比重将在全球范围内稳步增长。到 2021 年一季度，在国际货币基金组织官方外汇储备货币构成中，人民币排在第五位，人民币在全球外汇储备中的规模为 2874.64 亿美元，占比 2.5%。到 2021 年 6 月末，境外主体持有中国境内人民币股票、债券、贷款及存款等金融资产金额合计 10.26 万亿元，同比增长 42.8%。预计未来人民币作为储备资产及投资资产的全球占比还会提高。

2012 年到 2015 年，中国跨境货物贸易人民币结算金额稳步增长，从 2.06 万亿元增长到 6.39 万亿元，2016 年以后出现震荡，2020 年货物贸易人民币跨境收付金额为 4.78 万亿元，同比增长 12.7%，2021 年为 5.77 万亿元，同比增长 20.5%。

总体来看，美国史无前例地滥发货币造成的美元长期购买力平价下降和人民币购买力平价提高、中国经常项目和资本项目双顺差、人民币作为储备资产和结算货币的国际化等因素，决定了人民币对美元将长期保持升值趋势。

从更长期来看，一国货币汇率的变化是由本国经济增长率和劳动生产率的增速所决定的。一个经济大国的崛起和货币国际化的过程中，常常伴随着该国货币的长期升值。例如，随着美国经济的崛起和持续繁荣，英镑对美元的汇率从 1925 年的 1∶4.86 到 21 世纪初，美元升值近 3 倍；第二次世界大战后德国经济的长期繁荣，促使德国马克从 20 世纪 40 年代创立时到 20 世纪 70 年代，对美元升值了 3 倍多；而亚洲人更熟悉的日元，在 20 世纪 70 年代中期和 20 世纪 80 年代中后期两个阶段就完成了 300% 以上的升值……

如果中国经济能够继续保持相对欧美等国更快的增长，且人民币仍然在走向国际化的过程中，那人民币对美元汇率中期有可能在 1 人民币兑 1/6 美元的水平找到相对稳定的均衡点，之后还有进一步升值的空间。

以人民币国际化、外贸升级、对外投资为主的新对外开放战略

由于 2020 年以来人民币连续升值，美元对人民币离岸汇率从 7 左右升值近 10%，中国央行不得不上调外汇存款准备金率，以缓解人民币过快的升值压力。

在短期内，决定人民币汇率走势的主要因素首先是中国央行的货币政策变化方向、引导人民币汇率的政策和预期变化，以及美国货币政策的变化。从利率政策与汇率政策配合的角度，尽快下调人民币利率是缓解资本项目顺差、减少人民币短期升值压力的可行措施。此外，美国的高通胀必然导致美国加息，这同样有助于缓解人民币汇率短期升值的压力。

随着海外疫苗接种的普及，各国生产走向全面恢复，中国出口

将从高增长逐步回归常态，如果海外需求收缩较快或对中国商品的生产替代速度加快，那中国的出口增速有可能很快回落到正常增速。

从长期来看，无论是英国、美国还是其他大国崛起，都不能只依靠本国市场，而是需要全球市场的支撑。但是随着更高的发展阶段到来和对外投资的增加，英美等国也都经历了从贸易顺差、贸易平衡到贸易逆差的演化过程。当前中国的出口占全球贸易份额为17%，已经很难再继续提高，人民币国际化、外贸升级，以及以对外投资带动或替代出口就成为必然的战略选择。

为了减少人民币长期升值对出口的影响，应继续扩大人民币国际结算，这样人民币升值的影响必然更多地由海外进口商、中间商和海外消费者来承担。新冠肺炎疫情以来，美国和欧洲国家超规模扩大资产负债表，导致这些国际货币的信用下降，这正是扩大人民币国际结算和使用范围的良好时机。

此外，应加快推动外贸升级。在加工贸易为主的出口结构中，因为出口企业没有定价权，人民币升值造成的冲击较大。而随着中国出口产业的升级，技术含量、品牌价格和定价权的提升，人民币升值对出口的影响趋于减少。

最后，虽然短期快速升值会冲击出口，但是人民币升值并不完全是坏事，本币升值是一个大国经济从加工贸易优势到综合国际竞争优势的必经之路，升值前有利于扩大出口，升值后有利于扩大进口和扩大对外投资。只有扩大利率和汇率弹性，既重视开拓海外市场，又重视扩大内需，内外循环相互促进，既重视对外贸易，又重视对外投资，追求内外经济均衡，才是长期可持续的经济发展道路。

第四章　深度转型的改革逻辑

中国这轮经济增速下行周期已超10年,这不是一个简单的周期性的问题,更多的是长期性的问题;不仅仅是总量问题,更多的是结构性问题;未必是靠逆周期的刺激政策能够解决的,更多要靠深化改革来恢复中长期的发展动力。从全球范围来看,无论是总需求调控的两难,还是全球经济"头部化"趋势、经济增长的不平衡性所带来的社会分化,都不是简单的靠扩张或收缩性政策能够解决的。各国都必须启动深层次改革,重新激发经济增长潜力,才能维持全球经济的可持续增长。

中国供给侧改革与美国现代供给侧经济学

在重视需求的同时,更加重视从供给侧深化改革,如今已经不仅仅是中国的政策选择,也成为近期美国政府的重要政策,未来全球各国经济或许都应该重视供给侧的经济深度转型。

新供给经济学与中国供给侧改革

作为中国学界最早呼吁供给侧改革的学者,笔者曾于 2012 年、2013 年发表了《新供给主义宣言》《以新供给主义推动中国深层次改革》《放松供给约束、解除供给抑制》等大量呼吁供给侧改革的文章。从学术视角看,新供给主义经济学呼吁的供给侧改革主要是重视劳动、土地、资本、技术、制度等要素与财富源泉,期望从要素市场化改革的角度挖掘经济增长潜力,放松供给约束以解放生产力;引领新供给创造新需求,以推动供给结构升级,以及大规模减税降费等政策。

由于《新供给主义宣言》提出了"新供给创造新需求"的经济

哲学，在理论上，有人误以为新供给经济学受萨伊定律影响，其实新供给经济学恰恰从宏观上否定了以"供给创造自己的需求"为核心思想的萨伊定律，认为供给自动创造需求可能会因为"供给过剩""供给老化""供给约束""供给抑制"等随时中断，只有通过"更新供给结构、引导新供给创造新需求"才能恢复"供给自动创造需求"的理想经济运行机制。

如果说新供给经济学与历史上哪个流派的学术思想更相近，那恐怕是熊彼特的"创新理论"。在熊彼特看来，所谓经济发展，就是整个资本主义社会不断实现企业家主导的创新——把从未有过的生产要素和生产条件的"新组合"引入生产体系。这些"新组合"包含新产品、新技术（生产方法）、新市场、原材料的新供应和企业的新组织。而新供给经济学所说的"新供给"即源自新技术、新产品、新的管理方式和新的商业模式，这与近年中国政府有关部门总结的四新（新技术、新产业、新业态、新模式）经济异曲同工。

受新供给经济学思想的影响，"新供给"这个由笔者于2012年提出的概念，已经常出现在国务院、发改委和各级地方政府的文件中，"新供给创造新需求"也在中国企业界广为流传。新供给经济学作为新思潮，也掀动了中国经济学界、传媒界乃至决策圈的思维方式变革，人们一改脱胎于凯恩斯主义的"三驾马车"（投资、消费、净出口）分析视角，转向供给侧如何、需求侧如何这类新的分析路径和话语体系。《新供给主义宣言》提出以制度、技术、人口、资本、资源（土地）五大财富增长源泉替代"三驾马车"分析框架。2013年秋季举行的党的十八届三中全会的公报中则写入了"让一切劳动、知识、技术、管理、资本的活力竞相迸发,让一切创造社会财富的源泉充分涌流"。

2015年11月,笔者参加国务院总理李克强主持的经济形势座谈会,做了《从供给侧改革、全面降低企业成本、开启新增长周期》的汇报。巧合的是,之后于当月举行的中央财经领导小组会议提出,"在适度扩大总需求的同时,着力加强供给侧结构性改革","供给侧结构性改革"一词开始风行全国。但当时,无论是高校、智囊机构学者,还是企业界,对供给侧改革的理解差异都甚大。

新供给经济学认为,人类历史上对长期增长理论的探索都围绕供给层面展开,其中亚当·斯密重在研究制度、社会分工和专业化的作用,库兹涅茨的增长理论重在研究投入和产出的效率,熊彼特的增长理论突出了制度和技术的创新。改革开放以来中国经历的经济高速增长是这三种增长模式的综合体现:20世纪80年代的制度改革开启了中国经济的"斯密增长"时代;而90年代以后更多的是持续的人力、土地(资源)、资本和技术投入换来的"库兹涅茨增长";在未来,库兹涅茨增长模式将趋于减弱,中国将不得不依赖技术和制度的创造性破坏的"熊彼特增长"模式,同时通过进一步深化改革,重启"斯密增长"。

在《新供给经济学》一书中,笔者将五大财富源泉的生产函数修正为

$$Y = S \times A \times F(L, W, K)$$

其中，S 代表制度，A 代表技术，L 代表劳动（人口），W 代表土地，K 代表资本，以此来区分要素投入、技术和制度在经济增长不同维度上的不同作用。

新供给经济学还以新供给、老供给在经济中的占比为基础，提出了"新供给周期理论"，但在近几年中国经济增速一路下行的过程中，这一理论只能部分地在实践中得到验证。

该学说也在学术界获得了积极反响。复旦大学经济学院院长张军教授在给《新供给经济学》作序时谈到，"最近这些年滕泰博士的'新供给经济学'受到关注，且产生了一定社会影响力"，其改革主张"既不同于新自由主义的改革办法，看上去也比 20 世纪 80 年代美国供给学派的减税、放松管制等措施要丰富些"。曾任北京大学经济学院院长的晏智杰教授也在该书的序言中称，"人们可能注意到，《新供给经济学》所提出的理论分析和政策主张，在一定程度上是与几年来我国以供给侧结构性改革为主线，着力转变发展方式，调整经济结构，转换发展动力的实践相吻合的"。复旦和北大，一南一北两位经济学院院长为此发声，印证了这一新兴理论在学界的影响力。

国内还有一些学者提出了新供给经济学方向的某些观点和政策主张，对扩大这一流派的影响、推动国内市场化改革起到了促进作用。比如，财政部财政科学研究所原所长贾康等在 2013 年提出了名为"中国的新供给经济学"的"八双、五并重"观点，其中"八双"指"双创"（走创新型国家之路和大力鼓励创业）、"双化"（推进新型城镇化和促进产业优化）、"双减"（实施以结构性减税为重点的税费改革和大幅减少行政审批）、"双扩"（扩大中国对亚非拉的开放融合，以及适度扩大投资规模）、"双转"（人口政策逐步转向适当鼓励生育，促进国有资产收益和存量向社保与公共服务领域的转置）、"双进"（国有、非国有经济共同进步实现共赢）、"双到位"（促使政府、市场双到位的良性互动、互补和合作）、"双配套"（实施新一轮"价、税、财"配套改革和金融配套改革）；"五并重"是五年规划与四十年规划并重、法治经济与文化经济并重、海上丝绸之路和陆上丝绸之路并重、柔性参与 TPP 与独立开展经济合作区谈判并重、高调推动国际货币体系改革与低调推进人民币国际化并重。

仔细分析贾康的"八双、五并重"，其实是把当时社会上流行的一些短期政策呼吁做了个汇总，其中的新型城镇化、亚非拉合作、扩大投资规模等内容在理论上仍属需求侧范畴，对财税改革、五年规划及对外关系等的考虑，则更近似于特定阶段的政策诉求，也非供给侧改革范畴。

总之，新供给主义经济学的学术思想和理念在 2015 年中国决策部门正式决策供给侧改革之前就已经在相关经济政策中陆续得到体现。比如对创新创业的支持政策、以新供给引领消费的相关政策、减税降费政策、新旧动能转换、要素市场化改革、"放管服"改革政策、营商环境改革政策等。2015 年年底中央正式提出供给侧结构性改革以后，又融合了很多其他政策目标。比如在当年的中央经济工作会议中提出"三去一降一补"这样的"调结构"政策，之后很多人把中国的供给侧改革等同于"三去一降一补"，实际上在之后的中国经济政策文件中，关于供给侧结构性改革的具体内容每年都有变化，唯一不变的就是一句话即"以供给侧结构性改革为主线"。可见，与前几届政府更重视投资、消费、出口等需求侧调控不同，这届政府非常重视中国经济的供给侧结构性问题。

美国财长耶伦最近提出"现代供给侧经济学"

美国财长耶伦 2022 年年初在达沃斯世界经济论坛演讲时提出，拜登政府的目标是通过侧重劳动力供给和公共基础设施建设等问题来促进美国经济增长，她将这种方法称为"现代供给侧经济学"。

耶伦提到，美国政府的做法与传统供给侧经济学所倡导的通过减税和放松管制来促进经济发展的方式不同。她指出，2021 年 11 月通过的一项两党基础设施法案，总统拜登提出的儿童保育、带薪休假等社会项目，以及气候变化倡议，都是政府经济政策的做法案例。

"我们新的做法比老供给经济学更有前景，后者我认为对于促进经济增长是一个失败的策略。"耶伦说，"资本方面的大幅减税并没有取得预期的效果，放松管制从整体上看，特别是对于环境政策也同样收效甚微。"

她说："现代供给侧经济学通过扩大劳动力供给以及提高生产率，在促进经济增长的同时减少社会不公和环境破坏。"

共和党认为拜登的经济提案需要增加联邦政府支出，这会导致一系列不利后果，包括引起通货膨胀、扩大政府财政赤字以及挤出私营部门投资。耶伦介绍道，拜登的做法重点强调三个政策上的优先事项。

第一，美国需要扩大劳动力供给来提高潜在经济增长力。政府正通过扩大儿童保育以及健康、教育和气候计划的其他部分来实现这一目标。

第二，政府希望提高劳动生产率。之前技术的革新促进了生产率的提升，但同时也加剧了贫富差距。政府提高在教育和公共基础设施上的投入同样可以提高生产率，且不会加剧贫富差距。但是，这些政策目标中有很多都与拜登的社会支出提案有关。由于国会对该提案的几个组成部分存在分歧，该提案能否通过还不确定。耶伦也承认计划的最终细节还没有敲定，基础设施法案资助的项目"应该通过应对气候变化和缓解极端天气事件，促进可持续增长，而极端天气事件对穷人的影响更大"。

第三，税收计划需要在世界范围内进行调整，以避免出现竞次的心态。在拜登政府的推动下，七国集团在2021年6月伦敦会议期间通过了全球税收改革方案，其要点包括：跨国公司不仅需要在总部所在地纳税，还需要在其运营的业务所在国纳税；以国家为基础，征收最低15%的公司税率，以此创造公平的竞争环境，打击避税；此外，协议还支持授予各国对利润率超过10%的企业征收20%及以上税收的权利。

美国实施全球最低税率的条款正是拜登社会支出计划的一部分，该社会支出计划的推进举步维艰。全球最低税率将通过抵消"导致一些公司将实体经济活动转移到境外"的激励措施，来帮助美国为大量基础设施建设计划提供资金。不过，这项协议在美国也面临一些障碍，一些共和党人认为该协议的其他部分应该获得国会批准，而财政部则持不同观点。另据耶伦说，已经有137个国家同意了这项税收改革方案，它们的 GDP 总额占到全球的 95%。

中美供给侧经济学的异同

通过比较中国的新供给经济学、中国供给侧结构性改革和美国"现代供给侧经济学"的具体内容可以发现，中国的供给侧结构性改革既不是政府干预市场的新计划经济，也不是里根政策的中国版，而是从经济增长的制度供给条件、要素供给条件和技术驱动力等出发的改革主线。而美国的"现代供给侧经济学"与中国有所不同，目前仅包含增加劳动供给、提高劳动生产率、推动全球减税等。

中国新供给经济学、中国供给侧结构性改革和美国"现代供给侧经济学"的共同之处在于，都在想办法提高潜在经济增长率，这与凯恩斯的总需求经济学主要是把潜在的需求转化为现实的需求有所不同。供给侧的政策是长期改革政策，而凯恩斯主义的需求调控是短期调控政策。

虽然中美两国都如此重视"供给侧经济学"反映了当前的一种全球经济思潮，但是由于两国的经济背景不同，所需要的政策自然也有所不同。

比如，在中国，新供给经济学和供给侧结构性改革离不开要素市场化改革，而美国自诩为最市场化的自由市场经济，自然不会认为其土地市场、资本市场、技术和制度供给有任何改革的需要，而只有劳动力供给面临着现实问题。因此在五大要素供给中，拜登政府的"现代供给侧经济学"主要强调了增加劳动供给，而对于如何增加劳动供给，暂未提出具体的解决办法。相对而言，中国的要素市场化改革内容要丰富得多，关于要素市场化改革的文件内容也很丰满，但是在实践中取得成效并不容易。

又比如，围绕提高劳动生产率，中国已提出鼓励创业创新、鼓励新供给、放管服改革、营商环境改革等多领域的改革措施，而美国的"现代供给侧经济学"刚刚提出，还没有关于如何提高劳动生产率的具体内容。

再比如，在减税方面，美国特朗普政府曾经实施大规模减税，中国政府从 2016 年以来，每年提出巨大的减税降费计划并严格贯彻落实，而拜登政府则致力于推动全球范围内的减税。因此就减税而言，这几乎是包括中国的新供给经济学、美国的"现代供给侧经济学"、里根时代的传统供给经济学等在内的所有供给侧经济学的一致主张，关键是看其实际执行力度和企业的获得感。

正如多年以来的夙愿，笔者十年来所倡导的新供给经济学的相关学术思想不仅对转型经济、新兴市场经济有重要参考意义，其关于放松供给约束、降低要素供给成本、新供给创造新需求的原理，对很多成熟市场经济国家也有一定的借鉴意义。

尊重"先立后破"的产业逻辑，
用对"先破后立"的改革逻辑

经济增长的潜力为什么越来越低？因为很多该"破"的硬骨头往往长期破不掉，而不该"破"的却屡屡受伤；很多并不符合产业演进规律的老供给靠着特定的背景不断做大做强，该"立"的新供给却常常面临重重阻力。中央经济工作会议为什么重提"先立后破"？因为面临前所未有的经济增速下行压力，稳增长仅仅靠货币政策或财政政策是不够的，真正的出路在于"破"和"立"之间，只有尊重"先立后破"的产业演进逻辑，用对"先破后立"的改革逻辑，全方位破除各种供给约束、助力新供给扩张，才能实现稳增长。

尊重"先立后破"的产业演进规律

从经济发展和产业更替的历史来看，"先立后破"是产业演进的一般规律。也就是说，新技术、新产品、新模式的发展，是在旧技术、旧产品、旧模式仍然存在的情况下，逐步发展起来的；当新供给逐渐被人们认识和接受，越来越多的消费者、投资者也会逐渐选择它们，老供给就会因为市场份额和要素投入逐渐萎缩而退出市场——先有新供给扩张，后有老供给自然退出。

例如，当乔布斯发明苹果手机时，诺基亚、爱立信、摩托罗拉等公司主导的功能机正处在鼎盛时期，并没有人宣布它们是老供给或者是"落后产能"或"过剩产能"，让功能机退出历史舞台的是苹果等智能手机丰富的功能、流畅的体验、高度艺术化的设计和无限的扩展空间。

历史上蒸汽机替代了马车，内燃机替代了蒸汽机，电灯替代了油灯，电话替代了电报，手机替代了传呼机，液晶电视替代了显像管电视等，都是一个自然的市场过程，并没有人来宣布被取代的技术和产品的落后及退出。先有新供给扩张，后有老供给退出，"先立后破"是产业演进和经济增长的一般规律。

遗憾的是，这些年我们在很多行业并没有尊重上述产业演进规律，而是以种种理由、用行政手段干预产业的正常竞争，迫使很多有正常经营能力的企业因为各种主观设定的指标提前退出，而不是由于更高效率、更有生命力的新供给的竞争而退出，这不但客观上打乱了经济运行的规律，而且必然削弱经济增长的潜力。

从宏观上看，新供给有着更强的需求创造能力。仍以苹果手机为例，在乔布斯创造苹果手机之前，世界对它的需求是零，然而，现在人们的生活再也离不开智能手机。除了对产品本身的需求创造，苹果手机一方面带动大量的零部件生产商为它供货；另一方面为大量的软件公司、游戏公司提供了开发和销售的平台，由此创造出了对零部件、原材料、加工服务、软件开发、运营客服等各方面的巨大新需求。

如果用供给的需求创造系数 N 来描述一个经济体供给创造需求的能力，那在新供给占据主体地位的经济中，N 大于 1 且处于上升趋势，1 个单位的新供给能够创造 N 个单位的需求，新供给扩张会推动经济增速提升；反之，当 N 小于 1 且不断变小时，说明老供给占比过高，新供给占比较低，经济增速不断下行。

因此，要实现稳增长，就必须更多地激发新供给，创造新需求，推动新供给扩张。在这个过程中，自然应当遵循"先立后破"的产业演化规律，尊重市场的力量，而不应当过多地出手直接干预产业竞争。

用对"先破后立"的改革逻辑

有时候新供给的扩张会被无形的力量"约束"，使市场经济正常的优胜劣汰或新陈代谢受到阻碍，导致经济增速下行，甚至陷入衰退。在这些供给约束存在的情况下，要推动产业升级和经济增长，就需要打破供给约束堵点和障碍，这时需要遵循的就是"先破后立"的改革逻辑。

现实中的供给约束首先来自垄断力量。例如，美国的柯达公司在 1975 年就已经发明了数码相机，当时柯达公司的高层管理者发现数码相机可能取代传统相机，这也就意味着柯达赖以称霸全球的照相机、胶卷、洗印设备、化学药品等一系列产品都将被淘汰，因此柯达的高层选择将数码技术冷藏起来，试图继续维持自身在传统影像产品市场上的优势。如果没有尼康等日本企业将数码相机的技术发扬光大，柯达公司的压制将导致数码相机这种新技术、新产品难见天日。近几年，中国不少传统产业集中度继续提高、寡占情况越来越严重，这自然会对各行各业的新供给形成约束。

过时的政策和不合理的管制也会形成供给约束。当新技术、新产品、新模式出现时，不可避免地会对原有的行业、企业和个人产生冲击，这时有些过时的法律法规和政策也会限制新技术、新产品、新模式的推广应用。例如，在网约车产生之前，很多城市存在打车难的问题，其原因既不是没有路，也不是没有车，更不是没有驾驶员，而是出租车牌照的垄断专营权限制了供给的形成，使居民出行需求得不到满足。在网约车这种新供给形成之后，一些城市出台了开网约车必须有本地户口，限制小排量、短轴距车型等规定，形成新的供给约束。最近几年，除了新冠肺炎疫情的影响之外，各行各业的各种新的供给约束性政策有增无减，严重削弱了经济增长的潜力。

还有一种供给约束来自政府的不平等扶持。很多落后产能、过剩产能产品没有销路，之所以迟迟不退出市场，是因为得到了地方政府和一些部门或明或暗的补贴，让其成为"僵尸企业"。尤其是一些国有企业存在"软约束"，不管亏损多么严重都不会退出市场。但"僵尸企业"占用了大量土地、信贷、劳动力等宝贵的生产要素，成为新供给出现、生长和扩张的障碍，供给侧结构性改革本来应该取消对这些"僵尸企业"的补贴，让其按照市场规律自然退出，然而前几年"去产能"政策执行过程中，往往是"僵尸企业"有地方政府"兜底",而一些有正常经营能力的民营企业却被行政手段以种种理由强行关停。短期内这些民营企业的退出减少了竞争,提高了留存企业的利润率,让"僵尸企业"大面积复活为高利润企业,但长期来看,整个经济必然会为之付出代价:在总量上,大量老供给被人为关闭,而新产业、新供给并没有发展起来,原本为了推动经济增长和发展的政策,反而起到了紧缩性的效果;在结构上,客观上削弱了民营企业的力量,弱化了市场竞争;在价格上,造成了相关行业产品价格大幅上涨,长期反而抬高了整个经济的成本。

简言之,在改革过程中,"破"不是用行政手段直接干涉市场经济下正常运行的产业和企业,而是要破除那些形成供给约束的垄断现象、过时的不合理的管制政策,以及因为"软约束"僵而不死的企业。"先破后立"的改革逻辑,只要用对地方,稳增长就不难。

全面放松供给约束,才能稳增长

无论是"先立后破"的产业演进规律,还是"先破后立"的改革逻辑,其背后的难点都是如何放松供给约束、突破供给约束堵点,用市场规律促进优胜劣汰,让"新供给创造新需求",以新供给扩张推动稳增长。

假定疫情带来了劳动供给数量的减少或劳动力供给成本的提高,自然会形成劳动力的供给约束,如果能够通过劳动力市场的改革、减少疫情防控"一刀切"、鼓励弹性就业、降低劳动者个人所得税等措施,增加劳动力供给数量或降低劳动力的供给成本,就可以带来相应的产出增长,即稳增长(见图 4-1、图 4-2)。

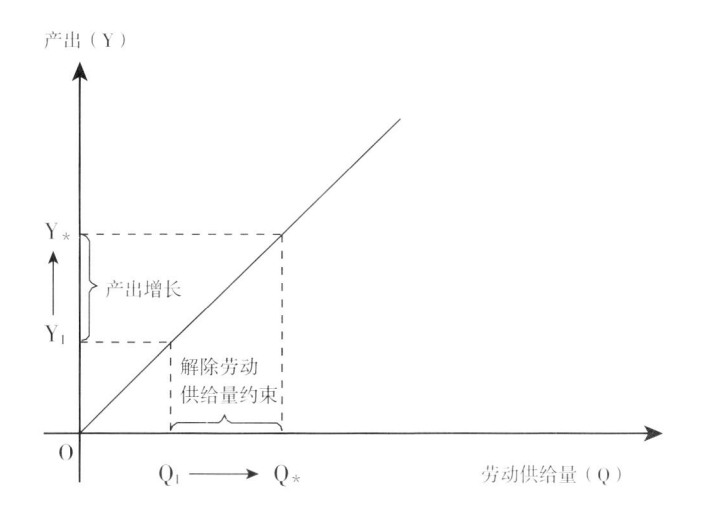

图 4-1 解除劳动供给量约束带来的产出增长

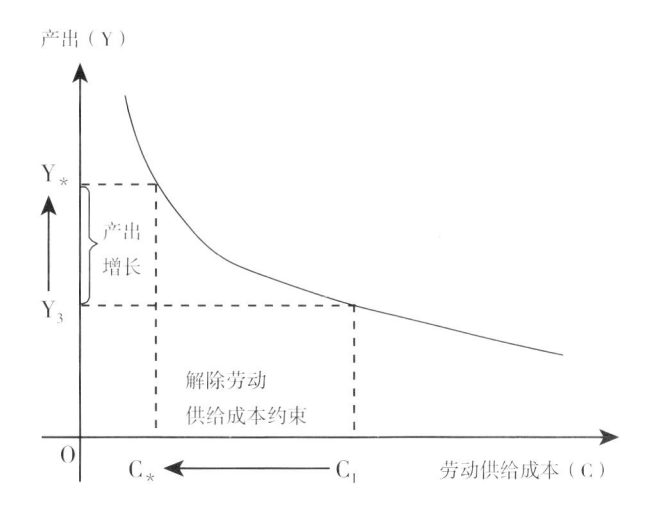

图 4-2 解除劳动供给成本约束带来的产出增长

同样，如果解除土地、资本、技术、数据等生产要素的供给约束，也将带来相应的产出增长，从新供给经济学的角度来看，就是推动新供给的产生和扩张，让经济重新回到增长的轨道上。

供给约束不仅出现在生产要素的供给方面，还出现在各行各业的管制政策中。无论是受疫情影响，还是教条主义影响，这些年在产品和服务端，都出现了很多不合理的行业供给约束，在交通、能源、通信、金融、教育、信息、文化娱乐等领域，各种产品和服务的供给约束还大量存在，只要实质性地放松供给约束，就能够释放巨大的增长动能。

总之，"先立后破"的产业演进逻辑得到尊重，"先破后立"的改革逻辑用对地方，经济增长潜力就会得到释放，稳增长就不难。因为两者都要求按照市场化规律"立"新供给，引领新供给，创造新需求，而不是用行政化手段扶持或变相扶持老供给；两者都要求"破"供给约束，不是靠牺牲民营企业、推动产品涨价来变相拯救"僵尸企业"。

释放要素市场化改革的巨大潜力

要素市场化改革可以释放巨大增长潜力。从人口和劳动力的角度来说,就像家庭联产承包责任制将几亿农民从土地的束缚中解放出来,新的户籍制度改革、人事制度改革、劳动用工制度改革、社会保险制度改革、移民管理体制改革将会把供给约束下的劳动力和创造力解放出来,为中国经济的转型升级重新打造人口新红利;从土地资源来看,灵活的、成本合理的土地供给仍然可释放巨大的增长潜力;从资金要素角度来看,信贷利率每降低一个百分点,就可以为实体经济减少万亿元的融资成本。

新一轮要素市场化改革的迫切性

中国经济在要素市场化的过程中,形成和释放了多种要素红利,这是中国经济过去40多年高速增长的重要驱动力之一。其中,第一个要素红利是人口红利。20世纪80年代以来,劳动供给约束逐渐解除,劳动力被允许从农村转移到城市,这为过去40多年的发展提供了丰富的劳动力供给。第二个要素红利是中国丰富且曾经廉价的资本供给。自 20 世纪 80 年代以来，随着中国商业银行体系开始形成，中国居民的大量储蓄资金通过商业银行体系转换成企业的资本。第三个是城镇化进程中的土地红利，也曾对中国经济的快速增长起到非常重要的作用。

如今，上一轮改革释放出来的要素红利正在逐渐消退。例如，在劳动力领域，中国劳动力成本近十年来迅速上升，不仅如此，中国仍然是世界上少数执行严格户籍制度的国家之一，虽然从人口数量巨大的国情来说户籍制度难以很快全面取消，但它越来越明显地妨碍劳动力流动和公平待遇；同样地，体制身份和人事档案等制度，也成为人才自由流动的一个羁绊，亟待放松和消除。

在资本要素领域，中国天量的储蓄和稀缺的资本之间，"架桥"的努力很多，"挖沟"的情况也不少，使中国这个储蓄率全球最高的国家，现实中却存在融资渠道少、融资效率低、融资成本高的问题。降低实体经济融资成本，并不仅仅是资金供给多少的问题，还有中国金融体制中广泛存在的供给约束问题。

在土地和资源领域，就土地使用的审批流程而言，需要得到政府部门的层层批准。用于城镇、乡村私人住宅建设和公共设施、公益事业建设的用地，必须经国务院或者省级人民政府批准；征收基本农田以外的耕地面积大于 35 公顷的，或者其他土地大于 70 公顷的，长期以来必须经国务院批准。审批过程漫长而复杂，大大降低了土地供给效率。在上游资源使用领域，国内具有探矿权和采矿权的企业只有中石油、中石化、中海油和延长石油等大型国有石油企业，前期放开油气资源探矿权与采矿权的尝试，也设定了境内注册净资产不低于3亿元等较高的门槛。

要素供给约束直接影响了中国经济的潜在和实际增长率，而人口红利、土地红利、储蓄资产红利等老红利的消退正是当前中国经济难以走出增速持续下行趋势的重要原因。在此长期经济增速下行趋势与疫情冲击叠加的特殊时刻，我们需要聚焦这一历史遗留的巨大改革空间，全面放松供给约束，提升要素供给效率，降低要素供给成本，才能进一步释放经济增长新红利。

要素市场化改革的难点和触发因素

以家庭联产承包责任制为代表的要素市场化改革，曾经是中国经济起飞的重要推动力，后来的银行信贷制度改革、资本市场的建立、国有土地使用权出让制度改革等要素市场化改革，都在不同阶段为经济增长起到了加油助力的重要作用，但多年来优化要素市场化配置也存在很多难点。

首先，经过40多年的改革开放，中国已经初步形成了多元化的所有制和利益格局，各方利益主体之间互相牵制，一项改革措施能够达到"帕累托改进"的可能性越来越小。要素的进一步市场化，不仅会触动各方面利益，而且有可能引发复杂的社会矛盾，还有可能需要削弱一些政府部门的权力，毋庸讳言，这也是改革难度较大的原因之一。

其次，要素领域的供给约束往往有着长期的历史背景和现实原因。例如，地方在财力不足的情况下，既要维持地方经济发展，又要推动城市公共设施建设，只好高度依赖土地使用权出让收益，进而控制土地投放量以维持高地价。从数据来看，越是地价高的城市，对土地投放就越"吝啬"，从而形成严重的土地供给约束。但如果立即取消土地财政，又势必导致地方政府无力发展经济和更新基础设施，甚至很可能引发债务危机。

又比如，在资本要素领域，从数据上看存在大量的银行、信托、保险、券商等机构，似乎应当是竞争比较充分的领域，但实际上金融垄断仍相当严重，银行尤其是大银行获得资金的成本很低，而由于在信贷管理方面存在大量严格的限制措施，银行资金很难直接进入需要的民营企业特别是中小微企业以及一些政策限制的行业如房地产，导致很多中小银行、信托、保险、券商甚至资信背景较好的大型企业，转而从事资金批发转零售的业务，将低成本银行资金层层倒手转贷给最终需要者，导致实际融资成本居高不下，民营企业特别是中小微企业的融资难问题一直没有得到实质性解决。2019年，全国规模以上工业企业实现利润总额6.2万亿元，比上年下降3.3%，同期商业银行累计实现净利润2万亿元，同比增长8.91%，仅商业银行的利润就相当于全国三四十万家规模以上工业企业利润的1/3。

除了土地、金融领域，以往能源、电力等行业的改革进程中，改革方案的制定也过多参考了业内相关利益方的意见，甚至是由少数部门和企业主导制定的，最终出台的方案只能涉及皮毛，难以触动深层利益格局，导致不少要素领域的供给约束积弊很深，改革难度越来越大。

最后，突破性的要素市场化改革需要外部压力和触发点。适当的外部压力、事件性冲击往往能够给改革的推进带来触发点式的效果，对于改革的成功有着重要的作用。本次新冠肺炎疫情带来的供给冲击和需求冲击直接将中国经济按下暂停键，甚至将全球经济拖入短期衰退，大量的企业商家面临倒闭，劳动者面临失业的威胁。在政府出台紧急救助计划稳定社会经济后，在防疫进入常态化、精准化的同时，仍必须直面现实，除了用常规的财政和货币政策为经济和企业补血助力，为劳动者和消费者提供帮助，保就业、保市场主体、保民生，更要下大决心、下猛药，果断出台真正能够提振信心、释放活力的实质性改革措施，以深化要素市场化改革，释放要素活力。这些既是应对当前经济困难的有力措施，更是为中国经济中长期增长创造新红利的基础性改革。

要素市场化改革的深化——以土地为例

多年来在人多地少的基本矛盾下，中国在集约化利用土地和节约利用土地方面，已经取得了巨大的成就。有研究机构做过这样的比较：全中国所有的城镇建设用地加起来，只有5.6万平方千米，约占国土面积的0.58%，而美国城镇人口居住的地区则约占其国土面积的3%，全世界的城市约占地球陆地面积的比例是2.7%。这几个数据粗略地反映了我国的土地供给和利用情况，但若能进一步适当放松土地供给约束，切实降低土地供给成本，提高土地供给效率，定能为中国经济下一阶段的增长创造新的红利。

现阶段中国土地要素供给紧张的根本原因在于以下几个方面：一是土地供给被人为限制在很窄的领域，在新的《土地管理法》实施之前，只有国有土地使用权能够入市交易，大量农村土地无法进入市场交易；二是农村土地的权利界定非常不明确；三是国有土地的供给受到严格的规划、计划限制，同时还受到烦琐的审批机制约束；四是土地使用权二级市场非常不发达，大量土地使用权被沉淀在低效产业和领域，无法通过交易实现流转和优化配置。因此，土地要素市场化的问题，本质是通过对有关法律、政策的修改，放松对土地要素的供给约束，释放更多的土地要素红利。

2019年以来，在土地要素市场化领域，一些新的法律和政策举措正在出台，中国土地要素市场化改革再度启动，相关政策主要涵盖了以下几个方面。

第一，扩大土地要素进入市场的范围。例如，2020年1月1日，修订后的《土地管理法》付诸实施，规定农村集体经营性建设土地可以入市，改变了原先建设用地只能用国有土地的格局；同时"国家允许进城落户的农村村民依法自愿有偿退出宅基地"也已经进入法律规定。

第二，加快农村土地确权的进度。历经五年之久的农村集体土地确权颁证工作于2018年年底全面结束；宅基地和集体建设用地使用权确权登记工作也在加快，自然资源部提出2020年年底基本完成这两项工作。

第三，放松土地审批的权限。例如，2020年3月12日，国务院颁布了《关于授权和委托用地审批权的决定》，将永久基本农田以外的农用地转为建设用地审批事项授权省一级地方政府批准，同时试点将永久的基本农田转化为建设用地和国务院批准土地征收审批事项委托部分省级政府批准。北京、天津、上海、江苏、浙江、安徽、广东、重庆是首批试点省市。2020年4月9日发布的《关于构建更加完善的要素市场化配置体制机制的意见》也提出，"城乡建设用地指标使用应更多由省级政府负责"。

第四，加快土地使用权二级市场建设步伐。2019年7月6日，国务院办公厅发布《关于完善建设用地使用权转让、出租、抵押二级市场的指导意见》，提出建立产权明晰、市场定价、信息集聚、交易安全、监管有效的土地二级市场。

2020年5月印发的《中共中央国务院关于新时代加快完善社会主义市场经济体制的意见》更是提出，要"构建更加完善的要素市场化配置体制机制"，"健全主要由市场决定价格的机制，最大限度减少政府对价格形成的不当干预"。以上这些措施与我们新供给主义经济学多年来呼吁的放松土地要素供给约束，降低供给成本，提高供给效率等学术主张是一致的。

破解土地供给约束老难题，首先要打通现有政策落实的梗阻点，确保"好经要念好，好事要办成"。例如，在2013—2018年的土地确权过程中，由于部分地方政府选择不改变既已形成的土地承包权，所以未公开宣布土地承包权的确认情况，而是低调地选择与拥有土地承包权的农民确认土地承包情况，并在有关登记系统中予以确认，而忽视了大量不合理失去土地承包权的农民的利益。如果在这样的承包权确权基础上开展土地流转，那难免会引发更深层次的利益冲突。

又比如，尽管新修订的《土地管理法》已经将农村集体经营性建设土地入市写入法律，但是在现实中还面临着利益机制尚未理顺、地方政府对此积极性不高的困局。黄奇帆先生就此曾做了深入的分析：按照原来的办法，低进高出征收集体用地，对地方政府是一个既增财又省事的方案。如果农村集体建设性用地跟城市的建设性用地是同地同价同分配，对城市政府来说就少了一块本来可以用于城市基础设施建设的利益，所以在这件事上，地方政府往往积极性不高。应当加快调研，尽快理顺各方的利益诉求，推动农村集体经营性建设土地的入市步伐。

另外，农村集体经营性建设土地入市实际上还要受到规划、登记等环节的制约：入市的土地要符合规划，规划必须是工业或者商业等经营性用途；必须经过依法登记；在每年的土地利用年度计划中要做出安排。在经济承受增速下行压力的情况下，应当呼吁适度放松土地供给和规划、计划上的约束，增加土地投放，降低土地供给成本，提升经济的活力和增长潜力。

其次，要继续加大土地要素领域的硬骨头、老大难问题的研究和解决力度，例如，在深圳等城市存在很多"城中村"，即当地农民利用宅基地、集体建设用地修建的小产权房。在改革开放早期，城中村解决了大量进城务工人员的住房问题，发挥过一定的正面作用，但是到了今天，城中村已成为城市升级的重要障碍，城中村和小产权房导致土地价格上涨所带来的巨额收益在政府、农村集体和个人之间的复杂博弈中被瓜分，留下了大量无法拆除的"肿瘤"。

城中村改造，是土地市场化领域的老大难问题，但如果解决好了，就可以在很大程度上缓解一线城市住宅供给不足、房价高企的问题。对此各方面都进行了大量的研究，但至今尚未有地方政府推出实质性的政策来解决。已经有学者提出，借鉴国际上的"增值溢价捕获"（Land Value Capture）的理论和实践，来实现土地和房地产开发过程中的公私协作（Public Private Partnership），是解决城中村问题的有效路径，即采取改革措施，增强市场在土地供给中的作用，建立政府、开发商和农民之间的协调机制，如鼓励原土地使用者以股东身份参与土地开发，引入社会资本分担开发成本，避免政府主导的一级土地市场垄断，可以增加土地供给，降低土地成本。

宅基地的流转也是土地要素领域的硬骨头之一，尽管2018年就提出"中国将探索宅基地所有权、资格权、使用权'三权分置'"，但目前宅基地使用权的流转还停留在只能在村集体内部流转的阶段，几乎是原地踏步，导致大量已经离开农村的农民手中的宅基地无法转化为在城市购房的现金收入。尽管相关部门曾明确"城里人到农村买宅基地这个口子不能开"，但宅基地流转也并非只有简单买卖一种方式，已经有地区在试点通过股权化的方式将宅基地转换为现金流，这样的试点应当鼓励。

最后，要重视一些创新政策的实际效果。例如有企业家反映，某些土地供给压力很大的城市，对提供给企业的用地提出严苛的业绩要求，达不到就要收回土地，限期迁出，被称为"亩产论英雄"。有些产业园区对入园企业生命周期内的绩效评估重重加码、层层加码，不仅有"法则"还有严苛的"罚则"。提升土地绩效无可厚非，考核评估也是政府管理的有力手段，但是更应该考虑到目前疫情的影响、全球经济的困境以及较多企业的实际困难，及时调整前期经济乐观时的旧指标，让考核变得更合理、更包容、更谨慎。同时，科技产业园设定过短的产业培育期（比如2年）、过高的考核指标，都是不切实际、不健康的。我们认为这位企业家的观点值得重视，在土地集约化利用的高压下，过度考核用地企业的收入、利润和税收贡献，将促使企业行为短期化，对于培育产业的长期竞争力实际上是有害的，这种做法本质上仍然是在加重而不是放松土地的供给约束。

有人指出，"中国经济发展并不缺土地，缺的是城镇建设用地指标"，这句话值得我们深思。长期以来，中国实施了最严格的耕地保护政策、最严格的城镇建设用地规划政策，这对于保证中国长期发展的资源底气无疑是非常正确的。但是我们也要看到，土地作为一项基本的生产要素，在财富创造中扮演着无可替代的重要作用，深化土地要素市场化改革，与劳动、资本、技术、数据等生产要素的市场化改革一样，一定能释放出巨大的经济增长潜力。

渐进式改革留下的计划经济沙砾

学界关于转型经济的研究，30多年前主要围绕计划经济向市场经济转变的不同速度展开。比如，有关俄罗斯和东欧国家采取的"休克疗法"与中国渐进式改革之间的比较，显然，中国的渐进式改革更为成功。但渐进式改革也有其不彻底的一面，就是会留下很多计划经济的沙砾——供给约束。在经济转型走过第一阶段之后，如果不进一步消除这些计划经济的沙砾，不下决心放松对生产要素和对各行各业产品和服务的供给约束，不仅渐进式改革不算完成，甚至由于受到这些供给约束的影响，大量生产要素和潜在供给等财富的源泉不能够充分涌流，经济在走过快速工业化和快速城镇化阶段后，必然会进入增速长期下降的趋势。

渐进式改革的合理性和不彻底性

为什么中国的渐进式改革更成功？从新供给主义经济学的角度来看，不仅"休克疗法"梦想的一夜之间建立起市场机制在现实中不可能实现，而且各种要素、产品和服务的供给能力也不可能在短时间内一蹴而就地自然形成。

渐进式改革实际上是中国政府在事先没有一种理论指导，没有改革速度标准的前提下，一切从实际情况出发，用"摸着石头过河"的方法，探索出来的一套稳妥的改革路径。

第一，如果能够较快地建立市场机制，相关领域的行政计划就较快地退出；如果建立市场机制的过程相对缓慢，那该领域的行政计划就慢些退出。总之，任何领域的行政计划退出的速度务必与相关市场机制建立的速度相一致。

第二，就如同 20 世纪 80 年代中期的价格改革"双轨制"一样，其实在中国经济的很多领域，在市场机制没有完全建立、行政计划尚未完全退出的阶段，都形成了事实上的计划和市场的"双轨制"。"双轨制"是中国渐进式改革的最大特色，同时也是遗留下计划经济沙砾的根源。

第三，在上述从计划经济向市场经济过渡的过程中，必然会遗留很多行政和制度方面的供给约束，其中一些是对产品和服务的供给约束，另一些则是对生产要素的供给约束。如何进一步消除这些改革过程中遗留的供给约束，同时加快发展新的产品、服务和生产要素的供给能力，正是在实行渐进式改革后要实施供给侧结构性改革的必然逻辑。概言之，渐进式改革有其稳妥、可靠的一面，但也有其不彻底的一面；要彻底地完成改革，必须在渐进式改革后期，实施以"解除供给约束"为核心的供给侧改革，以进一步解放生产力。

第四，中国过去 40 多年的成功转型不仅仅是从计划经济向市场经济转型的成功，还包括从农业主导的经济向制造业主导的经济的成功转型，以及从农村经济向城市经济的转型。在这样的经济结构转型中，农村剩余劳动力的渐进式释放和向城市转移如何与资本积累的速度、技术应用的速度相匹配，必然也是一个渐进式的、平滑的过程。在这个过程中，计划经济遗留的户籍制度、严格的土地审批制度、金融管控措施等，以及一系列要素流动的行政计划管理手段逐渐放松的过程，正好与人口转移和城镇化速度相适应，在实践中起到了良好的控制作用。这无意中解决了"发展经济学"的很多难题，比如，很多发展中国家在人口快速城镇化的过程中很难避免的城市贫民窟问题。同时，当特定的历史阶段过去之后，这些户籍制度、严格的土地审批制度、金融管控措施等也不会自然而然地退出，反而会成为经济进一步发展的制度障碍。因此，从制度层面，也需要展开全面放松供给约束的深化改革措施。

从新供给增长模型看中国模式之辩

中国经济改革的成功经验，从速度上体现为渐进式，从静态表现上其过程性特征主要是"双轨制"。也就是说，在这种渐进式过程中，推动转型的力量一方面在于行政计划力量的渐进式退出、供给约束的不断消除，另一方面则在于市场能力的渐进式成长、新供给能力的渐进式成长。这个过程是不是无意中证明了"经济成功转型的秘密居然是市场和计划力量的微妙平衡"？也就是说，虽然政策的行政计划作用在不断退出，但是在退出过程中毕竟一直在发挥作用，而这种全球绝无仅有的市场与政府力量的结合，这种实践中的"双轨制"是不是就是中国模式的特殊之处？这是不是就是前几年大家想总结并推广的"中国模式"？

有很多理论都企图总结中国过去40多年经济发展的成功经验，并称之为"中国模式"。中国模式派的学者，有的是计划经济和产业政策的拥护者，认为产业规划和产业政策是中国经济有别于其他国家的特色；有的强调宏观调控的作用，认为中国模式的特色就是市场经济加强有力的宏观调控；也有的学者强调地方政府的作用，认为各地方政府围绕GDP增速的政治锦标赛才是中国模式区别于其他国家的地方。

而普世模式派的学者则认为根本没有什么中国模式，中国经济之所以增长比较快，主要就是靠市场的力量和企业家精神，以及复制了西方国家三次工业革命的成果。例如，针对中国模式派强调的政府在经济增长中的作用，张维迎教授说："如果你看到一个缺一只胳膊的人跑得飞快，但你不能认为缺胳膊就是他跑得快的理由。"

事实上，中国经济增长既有与其他国家的工业化、城市化阶段相似的一般规律，也有中国自身的特殊规律。中国模式派往往过度关注增长的特殊条件，而忽略经济增长的本质；普世模式派则过分重视增长的本质，而忽视了增长条件的重要意义，尤其是政府在推动改革、创造市场条件，以及在符合市场经济规律的前提下可能发挥的重要作用。

新供给增长模型则认为，经济增长的本质需要从条件、要素和驱动力三个维度全面反映（见图 4-3）。

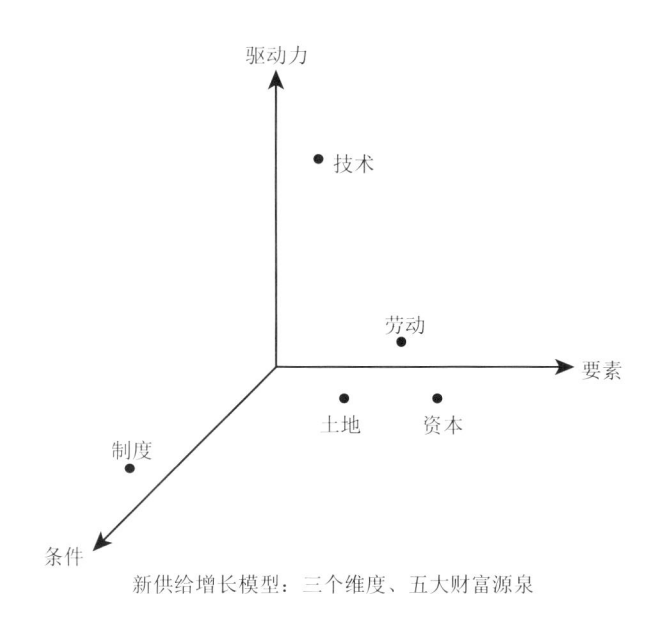

图 4-3　新供给增长模型

制度是经济增长的条件。有很多学者在谈到中国模式时只强调了制度方面的特殊性，比如改革开放、地方政府的经济竞赛、中央政府的宏观调控和产业政策等，这些在新供给经济学理论中都是增长的制度条件。新供给经济学认为，制度进步和相关的社会分工变化是经济增长的前提条件，因此，从创造更好的增长条件来看，中国的改革开放确实有很多值得总结的成功经验，比如，促进竞争、减少行政干预和垄断，激发地方政府积极性，完善国有企业激励机制，给民营企业以平等地位等。新供给经济学的一部分重要改革主张，是围绕着为经济增长创造更好的条件来展开的——上一个40多年所需要的制度条件和下一个40多年所需要的制度条件，应会有所不同。如果老的改革红利渐行渐远，而"新改革红利"不能通过更深层次的改革和制度优化而有效激发，那中国模式恐怕就会遇到挑战。

至于增长条件中所包含的政府作用，到底政府是"跑得飞快的腿"，还是那只"残缺的胳膊"，也不能一概而论。当政府的行为恰恰符合了市场的规律，它就是"飞快的腿"，当政府的行为违背了市场的规律，它就是"残缺的胳膊"。

新供给经济学认为，无论在何种条件下开启经济增长进程，经济增长的源泉总是来自劳动力、土地和资本等要素投入。类似于过去40多年的廉价劳动力、低成本土地、丰富的储蓄资本，都为经济提供了巨大的增长潜力。但是，人口只有经过良好的培训才能成为劳动力或人力资源；只有产权清晰，土地才能得到充分利用；只有通过高效率的金融市场，储蓄才能转化为资本。因此，为了保持长期的可持续增长，有必要改革生产要素的供给体系。比如，改革计划生育政策、户籍制度和教育制度，以保持人才和劳动力的供给优势；深化土地产权和流转制度改革，以降低土地和自然资源成本；深化金融供给侧改革，以降低资本供给成本，提高资本供给效率。由于新供给主义经济学高度重视生产要素的供给模式、供给成本、供给价格等，所以很多供给侧改革的主张自然是围绕要素市场展开的——当过去40多年的要素红利边际递减，"新要素红利"如何创造？

新供给主义经济学还认为，经济增长的根本驱动力是技术创新，是新供给不断创造新需求的过程。中国过去 40 多年的高速增长毫无疑问得益于"后发技术红利"，即来自三次工业革命的技术成果。而当中国工业化进程基本完成之后，如何挖掘新技术红利，自然更多地要靠创新，靠新技术、新的产品、新的商业模式和新的管理模式不断形成新供给，创造新需求。

中国的渐进式改革事实上在"市场配置资源的作用增加，政府配置资源的作用减少"的过程中，给政府和市场都留下了发挥作用的合理空间。当然，有人如果只看到"中国模式"中政府和市场都需要发挥合理的作用，而忽视了过去 40 多年"市场配置资源作用增加，政府配置资源作用减少"的方向，甚至为了强调政府在经济中的作用，无意中形成逆向改革，从而使政府配置资源越来越多，而市场配置资源越来越少，那必然会对经济产生破坏性的影响。

新供给经济学视角下的中国经济周期

根据笔者提出的新供给经济学原理，老供给创造需求的能力是递减的，而新供给创造需求的能力则是递增的，因此判断新一轮经济周期的主要指标不仅是老供给的出清，更重要的是新供给的扩张。

新供给创造新需求

乔布斯创造苹果手机之前，世界对它的需求是零。新供给创造新需求，才能带来新的经济增长。与此类似，特斯拉新能源汽车、泡泡玛特潮流玩具、故宫文创产品等，都是依靠企业家、设计师的创意创新，用新供给创造了新需求。

中国新能源汽车方面的新供给正在成为创造新需求的增长点。2021 年，中国的新能源汽车补贴标准退坡 20%，但全年销售约 300 万辆，同比增加近 200%。

又比如，中国近几年在 5G 方面的投资也将创造出更多的新应用场景和消费场景。想当初 2G、3G 时代苹果手机问世时，没有人能够预测到这种创新能够带来移动社交（如微信）、移动支付、移动视频、网约车、共享单车、知识付费等新的消费场景。

除了技术和产品创新，有时候生活方式和消费场景的创新也会创造出巨大的新消费需求。一个典型的案例是可口可乐利用圣诞老人创造了冬天喝可乐的新消费场景，通过创新生活方式创造新需求：冬季一般是可口可乐的消费淡季，然而在 1931 年的圣诞节，可口可乐公司根据公司产品的红白配色设计出了一个大白胡子、戴红帽穿红袄、畅饮可乐的慈祥圣诞老人形象，随着带有圣诞老人形象的宣传画、写着"Holidays Are Coming"的卡车载着圣诞老人和可乐走向美国和世界各地，一种新的消费需求被创造出来，从此冬天再也不是可口可乐的消费淡季。

在追求美好生活的新时期，如何用研发、设计、品牌、消费场景和生活方式的创新来创造新需求，既让老树开新花，也让新树发新芽，对宏观政策决策和企业创新转型，都具有十分重要的意义。

老供给出清与新供给扩张

新供给经济学认为，经济周期性波动是由供给结构的多样性和供给创造需求能力的变化带来的，这也是中国本轮经济增速下行的本质原因。中国用 40 多年的时间基本上完成了西方国家过去 300 年的工业化道路，而这些工业产业则变成了中国经济的主体。比如纺织工业是第一次工业革命的成果，钢铁、汽车业是第二次工业革命的成果，石油、化工等行业是第三次工业革命的成果。2010 年后中国经济的上述供给结构趋于成熟、老化，所以2010年以来，中国经济经历了超过10年的经济增速下行，根本原因在于老供给占比较高，新供给产业占比较低。之前拉动经济高速增长的房地产、汽车等产业，以消耗自然资源为代价的钢铁、煤炭等重工业，依靠低廉成本优势赚取微薄加工利润的纺织业、服装业、家电行业等产业，都进入了供给老化阶段。这些供给老化产业产能严重过剩，无法创造新需求，使得经济增长一直处于下行趋势。

在供给结构老化的背景下，新的上升周期并不取决于老供给的出清，而是取决于新供给的扩张。

在物质产品越来越丰裕的时代，石油、煤炭等深层资源加工出来的日常用品的供给远超过了基本需求量，物质消费占总消费的比例会逐渐变小，钢铁、煤炭等老供给无法再创造出等量的新需求。即使没有严控产能的政策，老化产业在出清以后，也不具备大规模扩产、大幅增加投资的市场基础。即使出现短期产能反弹，也必然会带来新一轮的更为严重的产能过剩。因此，如果用传统经济周期的思路，认为过剩产能出清进入尾声就是新周期的起点，则会导致对经济的预测过于乐观。

当然，如果把目光放在投资必然减速、消费增速下滑、出口的增长极限这三大需求上，而忽略了供给结构的积极变化，就会走向另外一个极端，得出过于悲观的结论，因为关于三大需求的分析其实隐含了供给条件不变的假设。新供给主义经济学认为，新需求是由新供给创造出来的，总需求未来的变化取决于一个经济结构中新供给的占比和扩张速度。

引领中国经济上升周期的两种力量

中国经济这一轮增速下行周期,既不同于工业社会早期的生产相对过剩型经济危机,也不同于工业社会中期的有效需求不足型经济衰退,而是工业社会后期的"供给老化型经济增速下行",因而扭转局面的方法和出路必然也与之前有所不同。

短期内逆周期的货币政策和财政政策都仍然有所作为,但其效力正趋减弱,下一阶段真正能够引领中国经济走向新的上升周期的力量有两种。

一种力量是通过市场化的供给侧改革解放生产力。供给侧的五大生产要素——人口与劳动、土地与资源、金融与资本、技术创新、制度与管理是经济增长的真正动力,通过减税降费、降低融资成本等方式放松供给约束,降低上述五大要素的供给成本,提高要素的供给效率,可以释放新供给,创造新需求。

另一种力量是新供给创造新需求。在钢铁、煤炭等供给老化的领域,一个单位的老供给只能创造递减的需求,而像5G、云计算、物联网、人工智能、元宇宙这样的供给扩张领域,一个单位的新供给却能够创造出 N 倍的需求。

第五章 经济转型的新方向

每一次经济最困难的阶段过后,往往是新技术、新产品、新场景改变人类生活方式的起点:1997—1998年亚洲金融危机时期,正是全球互联网企业诞生的元年;2007—2008年全球金融风暴阶段,正是智能手机、移动互联网时代的起点;这一次,哪些新供给将如何创造新需求并带来新的经济增长呢?为了让新树开新花,也让老树发新芽,我们的价值创造观念、价值创造方法将要做出哪些转型和转变呢?

新经济时代已经来临

笔者曾经在一个商业企业家闭门会上与大家研讨"为什么生意越来越难做"这个话题。很多传统商业企业在谈到生意难做时,都把原因归结于某些管理问题、成本问题、资金问题,甚至家庭传承问题。笔者一边听分享,一边想象一个场景:假设明代的某一年,洛阳、长安等地的商业领袖们也聚在一起开研讨会,讨论为什么生意越来越难做,是不是他们也会找到上述原因?他们能想到真正让他们生意越来越难做的原因其实是万里之外海上大船的运输效率远远超过马背和骆驼,因而东西方贸易路线正在悄然转移吗?如今这个时代的商业领袖们也觉得生意难做,除了资金、管理、产品和家庭传承,他们能看到这个时代正在发生的深刻变革吗?

快速工业化的高峰已过

中国用短短 40 多年的时间,走过了西方国家近 300 年的四次工业化革命历程:18 世纪 60 年代到 19 世纪中叶,以纺织、煤炭、冶金等为主的第一次工业革命，以蒸汽机为代表；从19世纪中叶到20世纪初，以电力、钢铁、汽车等为主的第二次工业革命，以电力为代表；从20世纪中叶开始的第三次工业革命，以石油、化工、通信技术为代表；20世纪90年代以来正在进行的数字化、智能化的第四次工业革命。

40多年来，中国诞生了一大批成功的企业，尽管有各种风风雨雨、坎坎坷坷，但是总有一部"电梯"托着大家上行，这就是中国的快速工业化进程。

当前，中国快速工业化的高峰阶段已经过去。在世界500多种主要工业产品当中，中国有220多种产品的产量居世界第一，对中国企业来说，在传统制造业领域，几乎已经没有"蓝海"，产能过剩已经是普遍现象。例如：中国的汽车等耐用消费品普及程度已经接近发达国家20世纪80年代的水平，2017年中国汽车产销量见顶，此后逐年下降。到2020年中国汽车保有量达2.81亿辆，传统汽车消费增长空间有限。

除了需求过剩，从供给方面看，国内的资源已经不再支持传统工业的持续高速发展。例如人力方面，随着60后劳动力逐渐退休，传统工业已经很难再招到大批量的"厂妹"来从事低端制造业，而90后、00后进入就业市场，他们宁可送外卖也不愿意在传统工厂从事单调重复的劳动；环境方面，地方政府已经逐渐将"绿水青山"作为新的政绩指标，传统的重化工业到处受排斥，要承担环境成本，制造业也必须发展高技术含量、高毛利率的先进制造业。这一切表现在一个关键的数据上，就是工业尤其是制造业在GDP中的比重正在逐年下降，2020年，工业在中国GDP中的占比降到37.8%，其中制造业占比更是只有26.2%。

快速城镇化进入后期阶段

快速的城镇化是中国企业快速成长搭乘的第二部"电梯"。从特大型城市数量来看，2006年中国城区人口超百万的大城市只有57个，到2019年大城市数量达到130个，而美国是45个，欧洲是36个，南美是46个，中国比它们的总和还要多。如果按最新常住人口计算，中国超百万人口的大城市则更多。快速城镇化也带动了房地产、建筑材料、装饰装潢、家电、汽车等产业的迅猛发展，20世纪90年代以来，中国富豪榜上占据前列的，很多出自这些行业。

目前，中国的常住人口城镇化率已接近65%，北京、上海、天津、广东、江苏、浙江、辽宁等省市的城镇化率已超过70%，有9亿人居住在城市或者城镇，中国的城镇化进程已进入后半程。

从世界主要发达经济体来看，城镇化率的及格线一般认为是75%，据此测算，中国未来还将有约1.5亿人进入城市生活，假设15年内城市化达到顶点，未来平均每年还有1000万人进城市。虽然这个需求也很大，但是相较于前些年每年2000万人口，城镇化速度已下降了一半。

总体来看，中国的城镇化依然有潜力，但快速城镇化的高峰已经过去，曾经的主要支柱产业——房地产业已进入平稳发展阶段，这个曾经带动钢铁、水泥和其他建材以及家电和装饰装潢等一系列产业发展的重要火车头正在减速。

全球化的和谐红利减少

中国企业快速成长的第三部"电梯",是全球化带来的红利。中国的经济起飞始于改革和对外开放,尤其是 2001 年 12 月 11 日中国正式加入 WTO 进一步融入国际市场之后,中国的制造业产品像潮水般涌向世界的各个角落。全球化带来了中国对外贸易和加工制造业的快速发展。改革开放 40 多年,按人民币计价,中国进出口总额增长 782 倍,年均增速达 18.6%;按美元计价,进出口总额增长 198 倍,年均增速达 14.5%。然而,特朗普时期开始的贸易保护主义和逆全球化措施正在让全球化和谐红利减少,中国不得不更加重视国内大循环。

网络上有这样一个段子:有几个人坐电梯,一个人在电梯里原地跑步,一个人在做俯卧撑,还有一个则不停地用头撞墙……出了电梯,有人问他们是怎么上来的?第一个人说我是跑步上来的,第二个人说我是做俯卧撑上来的,第三个人则说我是用头撞墙上来的……其实,选择坐电梯才是他们能快速上楼的根本原因。然而,如果这部电梯真的慢了或者停了,怎么办?如果在大楼的别处安装了更快的电梯,而我们还傻傻挣扎在原来的电梯上,又会怎样?

如果企业家不深刻认识时代的变局,只是埋头做自己的业务而不考虑与时俱进的转型之道,会不会南辕北辙、用力越大反而离目标越来越远?

为什么我们仍然不悲观

在这种情况下,我们为什么不悲观?因为如果仅仅盯着老的供给结构,需求的总量总是有限的,增长也有极限。而世界经济的长期增长,从来都不拘泥于老的供给结构,每一轮传统经济、传统产业受到严峻挑战的时候,各方面的力量都会努力找到新的出路,这往往也是新产业革命的爆发点。

1997—1998年亚洲金融危机时,中国经济形势比较严峻,出口企业大量亏损,国企改革也遭遇前所未有的困难。但那个时候也是新浪、百度、网易、京东、阿里巴巴、腾讯等互联网巨头的创立之年,是全球互联网彻底改变人类生活方式的开启阶段。

2007—2008年美国次贷危机演变为全球金融危机,又是全球经济困难的年份,那个时候是苹果手机创立的元年,也是3G、4G为代表的移动互联技术改变这个世界的元年。美国的苹果、Facebook、谷歌,中国的小米、腾讯微信、美团、滴滴出行、抖音等移动互联时代的巨头相继创立,又一次改变了人们的生活方式。

2020年以来,面对新冠肺炎疫情带来的严重冲击,许多传统产业、中下游企业正受到严峻挑战,而视频会议、非现场办公、AR/VR技术却获得迅猛发展。有人预测,以2021年AR/VR设备出货量超过1000万台为标志,信息技术开始从上网、在线到"在场",全球正在开启一个"元宇宙"的新时代。

新经济方向：新供给新需求

每一轮传统产业受冲击最严重的阶段，往往都是一轮新经济的起点，而这样的转折点都是以新供给创造新需求、改变人们的生活方式开始的，进而带来新的经济增长动力。在这样的特定阶段，无论是做企业，还是做投资，都要关注两条线：一个是新供给，一个是新需求。

新供给创造新需求的广阔空间

沿着新供给路线，要关注 5G、人工智能、物联网、新能源、新材料、元宇宙、脑科学等领域的新技术、新产品、新业态和新模式；沿着新需求路线，则要关注先进制造业、知识产业、文化娱乐产业、信息传媒产业、金融科技产业、新零售和健康养老、高端服务业等的各种场景创新。消费场景和应用场景创新，是链接新供给和新需求的关键因素。

在经济转型的关键阶段，全球制造业面对的一个比较普遍的现象是消费分级：单纯制造业环节生产的商品价格越来越低，而拥有研发、设计、品牌、流量、体验等软价值的制造业商品价格却越来越高。

面对消费分级，中国的制造业如何转型？是致力于高效率、低成本的生产来满足越来越廉价的基本物质需要，还是用研发、设计、品牌、流量、体验来满足人们追求高品质生活的精神需要？选择前者道路会越走越窄，而选择后者道路会越走越宽。不管是华为手机，还是苹果手机，它的软价值都远远超过50%，从价值构成上已经不同于传统制造业，当一个产业的产品或服务价值中有50%以上是软价值的时候，我们把这个产业叫作"软产业"。软产业有一个共同的特点，就是从供给上不以消耗自然资源为前提条件、物质价值占比不超过50%，从需求上满足的是人们的精神需要。

那么软产业的价值创造能力还在制造环节吗？制造业的企业创新与转型，是继续研究制造、装配、加工的规律，还是转而学习研发、设计、品牌、场景、流量、体验等软价值的创造规律？

多年前，同样经历过产能过剩阶段的西方发达国家制造业，通过升级研发、设计、品牌等软价值创造能力，成功完成了创新升级。例如，在服装、运动鞋等行业，耐克、阿迪达斯等大牌运动服装企业，很早就开始将重点放在研发、设计、品牌、渠道、体验等利润更高的部门，而生产加工则委托给位于东亚的生产企业；在电子消费品行业，著名的苹果公司主要负责苹果手机、iPad（平板电脑）等产品的研发、设计和销售，生产环节则委托给全球上百个零部件企业和富士康这样的整机组装企业；在生物制药行业，默克、辉瑞等国际制药巨头也越来越多地将资源投入研发环节，而将生产委托给位于印度、中国等发展中国家和地区的制药企业。

如今，中国制造业也发生了类似的分化，正是这样的分化，让那些拥有独立研发、设计、品牌、流量、体验等软价值的先进制造业，如华为、海尔、美的、李宁等中国制造企业，不断用新供给创造新需求，价格随着产品升级越来越高，市场持续扩大。随着各种创新应用场景的涌现，5G、物联网、人工智能、创新药等一大批软价值驱动的新供给正在形成，新需求增长空间也逐渐被打开。

在信息软产业方面，大数据、云计算、社交网络、流媒体等行业的未来成长空间也不可限量。100年来，全球财富排行榜上占据前列的曾经是钢铁企业、汽车巨头、化工巨头、房地产企业，而现在大部分都是信息产业，以谷歌、Facebook、阿里巴巴、腾讯为代表的信息产业巨头的软价值创造能力不减，以拼多多、TikTok等依靠算法取胜的新型信息企业迅速崛起。这些企业创造价值同样不怎么消耗自然资源，其价值源于数据和算法，源于人们的创新思维，供给和需求的空间都是无限的。

信息产业的生产、处理、传播和使用，每一个环节都蕴含着价值创造的机会。在内容创作环节，自媒体时代的微博、YouTube的内容创作发布，在点评网站上作消费评价，都是在创造价值。在信息处理环节，从看似杂乱无章的信息中挖掘出有用的规律，大数据可以在零售、医疗、旅行等领域创造出巨大价值，人工智能在信息处理中的作用和价值也正日益显现；未来信息传播渠道会越来越多，企业需要不断发现和利用新的信息传播渠道。在信息使用环节，越来越多的行业、领域正在用信息流代替物流、人流和资金流,从而大大地提高了效率,降低了成本。例如,通过精准匹配车源和货源,一个叫"货车帮"的应用软件,极大地促进了物流交易快速达成,减少车辆空跑和配货等待时间,显著提升了货运系统的效率。

在知识产业方面,知识的创造和传播已经成为独立的产品和巨大的产业,知识的创造、传播和运用都能够创造价值,教育培训、咨询智库、科技研发、会议论坛、出版传媒、知识付费等业态还会继续扩张。围绕着知识的不断创造、传播、应用,知识产业在几乎不消耗什么自然资源的前提下,同样用创造性思维满足人们丰富的精神需要。在教育方面,虽然校外教育培训受到政策限制,但是职业教育和培训市场前景广阔;科研产业正在从政府部门和硬产业的束缚中解放出来,迎来非常广阔的发展空间,一些来自高校、大型互联网企业的高层科研人才创办的独立科研单位,将自己的研究成果运用到各个行业和部门,创造了巨大的商业价值。咨询软产业规模也日益膨胀,除了战略咨询、管理咨询外,还有行业咨询、品牌咨询、创业咨询,以及人力资源、税务、法律、社会保险等企业咨询细分行业。会展和论坛经济是近几年涌现的知识产业新形态,来自不同国家、不同行业、不同企业的创造性人才在短时间内进行密集的信息交流和智力碰撞,可以产生巨大的立体商业价值,比如瑞士的达沃斯论坛、中国的博鳌亚洲论坛等。

新需求的另外一个重要拓展领域是文化娱乐产业,传统的体育竞技、主题公园、电子娱乐等各种新娱乐产业层出不穷。好莱坞的电影不仅在海外创造了远超美国本土市场的票房收入,而且成为美国生活方式和价值观输出的有效载体。迪士尼公司几乎不消耗任何自然资源，仅凭丰富的想象力和创造性打造出来的米老鼠、狮子王等卡通形象，就获得了数百亿美元的品牌价值，从奥兰多到东京，从巴黎到上海，迪士尼乐园也带动了当地经济的增长。作为人类精神需要的重要方面，由文化艺术品的创作、表演和感受创造价值的文化娱乐软产业正在成为全球经济的重要增长极。

此外，在追求美好生活需要的年代，旅游、康养、新零售、金融科技等各高端服务业也有良好的发展前景。以新零售为例，在 2020 年新冠肺炎疫情的冲击下，当传统零售业严重衰退的时候，各种以互联网平台、直播平台为代表的新零售却高速发展，不仅拥有传统商业的"商品可得性"价值，而且比传统零售增加了更多便利性、快捷性，以及更好的体验、评价和互动功能，从而增加了零售业的软价值。

传统产业的转型创新

科学技术的进步和人们不断升级的需求把历史的车轮推到了今天，不管是传统农业、传统制造业，还是传统服务业，在基本物质需要已基本满足的年代，如果不能再靠"练内功"、降成本来谋生存，那么其转型的方向和创新的方法本质上都是同一个问题，即如何创造更多软价值来满足人们的美好生活需要。

以传统制造业为例，根据美国电气和电子工程师协会与 IHS 咨询公司的报告，20 世纪 80 年代初，一辆轿车的电子系统只有 5 万行程序代码，而现在高端豪华汽车的电子系统有6500万行程序代码，是曾经的1300倍。目前，汽车软件的价值仅占汽车总价的10%，而摩根士丹利估算，未来自动驾驶汽车60%的价值将源于软件。[①] 看来未来的制造业，还会有更多的价值体现在研发、设计、品牌等方面，就像奔驰汽车的前总设计师所说的，"我们销售的不是汽车而是艺术品，只是碰巧它会跑"；同样，特斯拉销售的也不是"跑得快"，而是环保、时尚和智能化……

零售业从最初的"行商坐贾"到以百货公司为主要形式的近代服务业，再到以仓储式超市、大卖场为代表的现代服务业，再到以亚马逊、淘宝和京东为代表的传统电商出现，极大地提升了人们获得商品的效率，网络零售整体上的比例也在不断提升。就在人们一度认为零售业的创新已经接近极限时，拼多多、电商直播、流量带货等新形式喷涌而出，物品的获得不再是人们享受零售服务的唯一或者主要目的，顾客的情感体验被放在最高位置，人们为了社交而购物，为了情感打动而购物，为了证明自己而购物……新零售全面打开了新的增长空间。

---

① 赵世佳：《汽车产业进入"软件定义"时代》，《中国工业评论》2018年第2—3期。

以软价值战略创造新需求

在产能过剩和人们追求美好生活需要的时代，凡是产品和服务中软价值占比高的，比如苹果手机、特斯拉等，企业的利润就比较高，生存就比较好；凡是软价值系数比较低的产品，毛利率就比较低，现在的生存状况也就比较困难。因此，新时期无论是新产业，还是传统制造业或传统服务业，都可以借鉴软价值创造新需求的战略来推动企业创新升级，通过加大研发、设计、品牌、体验、渠道、流量等软价值创造能力，做软价值的创造者，创造新需求。

让有效研发创意创造新需求

与物质产品的劳动时间和物质材料大部分应该是有效投入不一样，由于人类创造性思维运动的不确定性，为创造软价值投入的大量劳动和资源可能都是无效投入，只有少量的投入才能变成有效投入。比如歌曲或文学作品的创作，大部分创作都不能产生价值，只有少量歌曲和文学作品才具有商业价值；在投入大量资金开发出数不清的不成功游戏之后，才会有少量类似于《王者荣耀》这样的爆款游戏。

因此，凡是从硬价值制造向软价值创造转型的企业，都必须做好一个最重要的观念转变：接受无效投入。只有在接受无效投入的前提下，才谈得上如何提高研发和创意的有效性，以及如何产生"有效研创"。

第一，要把研发当成风险投资项目，用项目管理的思路来管理研发。把研发当项目，研发就不再是成本部门和服务部门，而是创造价值的主体部门；一个研发项目的立项，就是一项风险投资的开始；作为项目的研发，不再是为生产服务，而是生产人员要进入研发项目组，为研发服务；不仅生产人员要进入研发项目组，研发项目组中还必须有销售、运营、财务、客服等人员，相关的激励机制也要配合上——只要是决策部门经过论证许可的研发项目，各条线都必须全力支持，成功就给予巨大的激励，失败也要坦然接受。从IBM，到谷歌、华为，凡是按照这样的理念进行产品开发的公司，不仅永远都走在产品创新的前列，而且研发的成功率远远高于其他公司，研发成了价值创造的主要力量。

第二，有效研发创意通常离不开灵魂人物的"理想黑体"作用。物理学中的"理想黑体"，就是先吸收所有入射电磁波，再释放最大量的热辐射；软价值的创造也是在灵魂人物与参照系人群的互动、循环过程中发生的。在科技型企业中，"理想黑体"可能是乔布斯、马斯克这样的人，在电影产业中，可能是斯皮尔伯格或者汤姆·克鲁斯这样的导演或演员，在体育运动中，可能是C罗或者贝克汉姆这样的大牌球星，而在金融投资中可能是某个明星基金经理。

第三，有效研发创意离不开各种软资源。如同农业需要土地，制造业需要原材料一样，软价值的创造也需要不同软资源。所谓软资源，是指在软价值创造过程中使用和积累起来的非实物资源，除了传统的人才、科学成果、技术专利、资金之外，还包括知识产业的经典著作、文献档案、传播模式、影响力，文化娱乐产业的IP积累、明星、院线、体育俱乐部、赛事、口碑评论，信息产业的大数据、算法、互联网平台、社交网络，服务业的品牌、商业模式，金融业的信用、国际货币发行权、金融定价权等。比如，年轻人都爱看漫威的超级英雄电影，斯坦·李在创造"蜘蛛侠""钢铁侠""绿巨人""X战警"这些前所未有的超级英雄形象时，依靠的只是天马行空的想象力、北欧神话等艺术资源，以及一些科学知识，如今这些软资源的价值甚至超过了矿山、高炉和生产线。同样，J.K.罗琳创作哈利·波特的故事，很多灵感和素材都源自《圣经》、希腊神话等西方文艺素材；麦肯锡公司在提供咨询服务时，依赖的是波士顿矩阵、价值链等分析工具；华尔街的金融从业者从事金融产品交易，凭借的是信息、资本和风险承担能力；谷歌、字节跳动，靠的是程序、算法和数据……所有这些不同于土地、矿藏的宝贵资源，都是产生有效研创所必需的软资源。

第四，有效研发创意必须有激发创造性思维的特定环境。凡·高在创作他的画时充满了激情，其创作的精神状态非常人能理解；中国古代诗人李白要在醉酒的情况下才能创作出更好的诗歌作品；谷歌为了激发有效研创，把办公室设计成让程序员感觉最舒适的样子；北京的 798 艺术空间必须设计成有充分艺术感的氛围，才能激发艺术家的灵感。

第五，有效研发创意先要找准软价值创造所处的参照系和共振群体。普通制造业产品具有普遍适用性，比如一辆汽车在中国能开，放到美国也一定能开。但是软产品不一样，比如文化产品、信息产品、知识产品、金融产品等，放在这个参照系里有价值，放在另一个参照系里可能就没有那么大的价值了。研发和创意是否有效，关键在于找准参照系，换句话说，就是能够引发共振群体的"神经元同步放电"。

第六，不同的行业有不同的提高有效研发创意的办法，比如，如何选择创意方向，如何分段创新、合理投入资源，如何多线布局、放大有效创意，如何打造精品软产品等。

引入流量思维，创造新需求

对传统产品而言，流量并不是销量，但是流量可以转换成销量。人们选择在大街上开店，就是要转换大街上的人流；选择在机场或购物中心开店，就是要转换机场或购物中心的流量；选择到中央电视台做广告，就是要转换央视的观众流量；选择到互联网做广告、开电商或做直播，就是要转化互联网的流量。

对于大部分普通农产品和制造业产品而言，人们的需求变化不大，市场相对稳定，因此销售的关键首先是获得流量，其次才是提高流量转换效率；但是软价值产品不一样，人们可以看某部电影或读某本书，也可以不看，所以当一部电影拍摄完成以后，它的价值创造过程才刚刚开始。如果仅仅是获得流量，而不能创造出认知群体，那么对这部电影的需求就不存在，所以创造认知群体、提高流量转换效率变得更加重要。

对于农产品和制造业产品而言，资源和人工等供给成本对其价值的影响较大。但是软价值产品不同，由于以不确定的人类创造性思维为价值源泉，软价值产品被创造出来以后有时可以接近零成本、无限供给，比如一部小说在创作完成后，几乎可以无成本地在互联网流传，然而观众、用户、玩家的时间和注意力却是有限的，因而软价值的创造更多受需求方的影响。经营流量可以直接创造价值、创造新需求。

总之，对于传统制造业产品而言，流量可以转换成销量；而对于软价值产品而言，流量就是价值——点击量、播放量、浏览量、观看量、注册数等流量越大，这些网站、软件、游戏和影视作品的价值就越大。那么软价值产品如何获得流量，创造认知群体，提高流量转换效率呢？

提升体验价值，创造新需求

软价值的变化不仅仅来自产品本身，还来自人们对这种产品的认知的变化，这就是体验的软价值。同样一件消费品，有时候产品本身没有任何变化，而由于社会风尚和社会潮流的变化，这件产品带给人们的体验却会有巨大的变化。

比如，有些消费品、文化艺术产品会因为社会潮流的变化而过时，造成这些产品带给人们的体验越来越差；也有些产品在没有任何改进的前提下，带给人们的体验价值却大幅提升。比如，荷兰画家凡·高一生创作了1700多件作品，但生前只以400法郎的价格卖出过一幅画，死后他的作品被重新认识，已经有9幅画以数千万美元的价格成交。同样的画作，价格差异如此之大，变化的绝不是那些画本身，也不是流量，而是社会风尚造成的群体性认知或体验的变化：能不能欣赏凡·高的画，成了一种时尚生活方式的体现；懂不懂凡·高的画、理解不理解凡·高画的价值，成了一种衡量艺术修养、体现艺术人生的标准。

因此，为了改善体验，创造更大的体验价值，企业不仅要通过传统的方式提高客户服务，改善客户体验，更要重视名家点评、大众点评来提升人们对产品和服务的体验。比如，书评、影评或名家背书，不仅仅会影响消费者，这些评论、延伸解读，甚至电影主角的幕后故事，跟产品本身一样，都是能引起观众的情感共鸣、提高消费者体验的消费对象。

当然最高级别的体验价值创造还是创造或引领某种生活方式。像苹果手机那样，能够创造一种全新的生活方式体验，当然可以带来巨大的新需求。如果能够引领某种生活方式，那也能够持续创造新需求。

比如，可口可乐不仅带给人们独特的体验，更重要的是它引领和代表了一种生活方式。如果在美国快餐店买了一个汉堡或比萨，却没有可口可乐，那简直是无法想象的。其实，不仅是可口可乐，任何产品的购买背后都是一种生活方式的选择——成功的产品不仅能够带给消费者良好的体验，有唤起感情共鸣的能力，而且一定能够成为某种生活方式的代表。

创新商业模式，创造新需求

普通农产品、制造业和服务业产品大部分是专享的，比如一个面包，只能一个人吃；一件衣服，在某个时间只能穿在一个人身上；一次服务，在特定的时间、空间也只能针对一个消费者，因此普通农产品、制造业和服务业产品的价值实现过程通常都只有卖产品这一条路。而软价值则不同，研发、设计、品牌、知识、信息、艺术品等软价值大部分都是可以同时共享的，一个人的使用并不减少其他人同时使用的可能性。正因如此，软价值的实现并不依赖产品交易，而往往是通过弯曲的路径实现更大的价值。

"阳光免费，星光收费"的流量变现模式

微信已成了数亿人每天都离不开的社交工具软件，当我们享受微信给我们带来的人际沟通、信息传播等诸多便利时，微信并没有向我们收费。很多传统的互联网门户网站，以及谷歌、百度、微博、抖音等软价值企业也一样，他们为上亿的消费者提供服务，却不收取服务费，而是通过其他弯曲的方式实现价值，这种价值实现方式被称为"阳光免费，星光收费"。有人把这种价值实现路径概括为

"先用免费服务获得流量,再把流量进行变现"。这是最常见的软价值实现方式。

多元产品的立体化价值实现

比如,J.K.罗琳通过全球畅销的系列小说创造了哈利·波特这一人物形象和一个神奇的魔法世界,她创造的软价值如果只收取版税也是很惊人的,据说有数亿英镑。当《哈利·波特》被制作成电影之后,又创造了几十亿美元的票房收入。当《哈利·波特》被做成环球影城的一部分,开发成电子游戏以及与哈利·波特魔法世界相关的各种玩具和产品之后,各种弯曲路径实现的软价值总规模就超过了千亿美元。

先有公共价值,后有盈利模式

软价值的价值创造和价值实现在时间上通常是不对称的,一般是先有公共价值,后有盈利模式。软价值的创造者在开始的时候往往并没有想好具体的商业模式,而经常是发现了某个亟待解决的社会问题,或出于兴趣和爱好而研究出某种新发明或新发现。至于这些新发明、新发现形成的产品或服务是否有人愿意付费,或少量的付费能否覆盖成本,一开始并不重要。只要能打造出社会公共价值,早晚会有各种不同路径的盈利模式。如果一个产品或服务能推广到几万人使用,创造几万人的公共价值,则这个企业的价值可能就值几百万元、上千万元；如果能解决几百万人的问题，创造几百万人的公共价值，则这个企业或许就值数十亿美元；如果能够为几亿人提供公共价值，则这个企业的资本市场市值就像阿里巴巴、腾讯、谷歌一样，价值千亿、万亿美元。

以资本市场市值为主的价值实现

如果只有社会公共价值，而没有盈利模式，只能暂时提供免费服务，或虽有少量付费收入但仍然长期亏损，那么怎么解决持续投入的问题？答案是依靠风险资本、私募股权投资，依托资本市场。因此软价值的价值创造和价值实现通常都离不开资本市场。对一个传统的制造业企业而言，它的价值主体可能是实体的部分；而对于大部分软价值企业而言，资本市场价值才是它的价值主体，实体部分如办公场所、办公设备都不是其价值主体。不仅如此，软价值企业的估值往往也摆脱了传统的收入、成本、利润等财务指标，比如特斯拉在2015年年销售汽车才10万辆、公司财务仍处于亏损状态的时候，其市值就达到了500亿美元；2020年，特斯拉的汽车销量也不过几十万辆，其市值却已经超过了3000亿美元；2021年，特斯拉销量93.6万辆，市值最高破万亿美元，成为全球市值最大的汽车公司。

围绕软价值创造新需求的组织变革

农业的价值创造源自人们对动物和植物的繁殖和生长规律的认知，工业的价值创造源自人们对物质运动规律的认知，并用各种物理或化学的方法加工自然资源；而软价值创造则完全不同，它源自人类的创造性思维；正是人类思维创造的瞬时性、偶然性和不确定性，决定了软价值创造所需的人才团队、生产组织模式、激励机制与传统农业和工业有根本的不同。

软价值创造必须有相应的人才和团队，这是制约很多传统产业转型的关键问题。对于那些高科技产业、高知识含量的企业，向这样的方向改造团队不是问题；而对于很多传统企业而言，其90%的员工都是没有受过高等教育的制造环节和简单服务环节人员，这样的人力资源结构如何能转向软价值创造呢？如果不能彻底改造整体团队的人才结构，那至少要改变管理团队、研发设计团队、品牌和营销团队的人才结构，并在这些团队中"种植"软价值创造的"基因"。

第一，企业的管理团队要能够掌握软价值创新方向和转型方法，切换思维模式。有句名言是，如果我们手中只有一个工具锤子，那么我们看什么都像钉子。新时期创新成功的关键并不是要管理团队放下手中的"锤子"，而是用另一只手拿起软价值创造新需求的新工具，换一个维度思考问题。传统的流程管理、财务管理、销售渠道管理依然重要，但新的管理维度是：如何提高研发创意的有效性？如何进行流量转换、扩大产品的认知群体？如何创新生活方式、提升消费者的体验？如何尝试价值实现的新路径、创新商业模式？

第二，要推动与软价值创造新需求相匹配的组织模式变革。比如，如果不再按照固定工作时间、固定场所、固定流程那样的组织模式来管理企业的研发设计团队，那应该用怎样更有弹性的创造和创作模式？按照一切销售问题都是流量转换、扩大认知群体创造软价值的理念，应该怎样改革营销部门？告别传统的"宣传"思维，如何把传统的客户服务部门转换成体验价值部门？除了在知识产业、文化娱乐产业、信息产业出现的"小前台＋大中台""大后台支持小团队作战"等各种新管理模式，制造业也出现了"人单合一""创客模式＋中后台"等新的组织管理模式。2020年新冠肺炎疫情期间，在传统现场办公的组织管理模式受到严重冲击甚至停产停工的情况下，很多科技企业、知识企业、信息企业、文化娱乐企业、金融企业连续几个月实行在家办公或线上办公的模式，似乎运行效率不仅没有降低，甚至还有所提高。本书将在后面章节探讨这些新组织模式。

第三，要围绕软价值创造新需求构建新的激励和考核机制。过多的流程管理会降低人的创造性，过于严格的激励和惩罚有时候也会增加压力而降低创造性，只有激发人的内在动机，才能提高研发、创意、品牌、流量、体验等软价值创造能力，并成功创造新需求。正因如此，以激发内在动机为出发点的OKR（目标与关键结果考核）正在风靡全球，从美国的谷歌、微软，到中国的华为、字节跳动、美的集团都抛弃了传统KPI（关键业绩指标），采用OKR。OKR的考核激励原理对各行各业分别有哪些启示和借鉴意义？

除了上述几大方法，场景创新的原理和方法也很重要。人类生活方式的改变，20%来自技术创新，80%来自场景创新。企业家要学会应用场景的创新，来改变人们的生活方式，提高人们的生活质量。对此，我们后面将以5G投资的前景为例，专门章节叙述。

总之，以软价值战略创造新需求的关键就是要从生产性思维转向创造性思维，从满足基本物质需求到精准开发和满足人们的精神需求。"以前我们创造财富主要靠自然资源，今后主要靠人的资源；以前创造财富主要靠劳动，今后主要靠智慧。"[1]

---

[1] 参见滕泰《创造新需求：软价值引领企业创新与中国经济转型》，中信出版集团，2021年2月。

科学看待制造业占比的降低

2020 年国家发改委产业司原司长年勇先生的一篇演讲《美国从来没有放弃制造业，直到今天》引起较大社会共鸣。年勇先生认为虽然美国的制造业在 GDP 中的占比是 11%，但如果算上美国那些为制造业服务的"生产性服务业"，则美国制造业占美国经济总量超过 60%。而中国的制造业在 GDP 中的占比到 2019 年已降低到 27.2%，引起了人们对中国制造业前景的担忧。该文提出的不能简单从生产环节的产值占比来看制造业的重要性，缓解了很多人情感上对制造业占比下降的困惑。

为什么人们能够很自然地接受农业占比降低所代表的技术进步和经济发展成果，却不能理解制造业占比下降所代表的技术和社会分工的进步？国内大循环为主体、国内国际双循环相互促进的新发展格局下，如何科学看待制造业占比和相关的社会分工变化？

农业占比降低所代表的技术和社会分工进步

一个产业可以很重要,但其产值并不一定在 GDP 中的占比越来越高。比如,农业为人类提供基本的食物供给,其基础性和重要性恐怕无人否认。然而,几乎在所有的工业化国家,农业在 GDP 中的占比都已降到 10% 以下。2019 年,美国农业增加值为 1692.08 亿美元,占 GDP 的比重为 0.79%;同期中国农业增加值为 10214.85 亿美元,是美国的 6 倍多,占中国 GDP 的比重为 7.1%。虽然农业在中国经济总量中的占比只有 7.1%,但是若没有农业,不仅没办法维持 14 亿多人的基本生存,而且很多与农业相关的制造业和服务业也将无法存在。然而,如果为了论证农业的重要性,把为农业服务的工业(如化肥、农药、农机等)、农产品加工业(如白酒、饮料、休闲食品、棉纺服装等)、与农产品相关的商业和运输服务业、餐饮业、与农业有关的水利设施等基本建设都算上,那么"农业"在中国经济中的占比恐怕也超过 50% 了。

那么,是农业本身带来了相关工业、农业服务业的发展吗?恰恰相反,是化肥、农机、农药等工业和农田水利基础设施的进步从技术上支持了农业总产量的增长;白酒、饮料、休闲食品、棉纺服装等农产品加工业,餐饮服务业以及与农产品相关的商业和运输服务业,从需求上打开了农产品的增长空间(见图 5–1)。

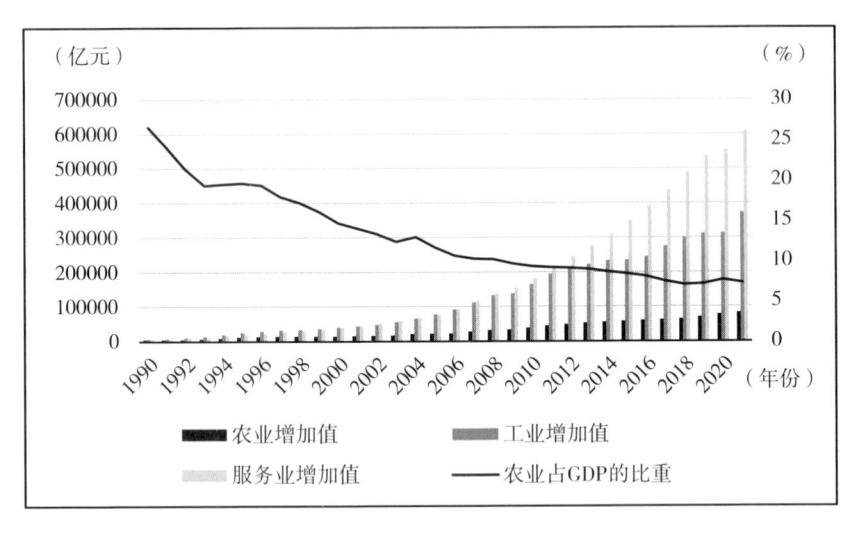

图 5-1　中国农业占 GDP 比重下降：农业稳步增长和其他产业的更快增长

数据来源：Choice 数据。

也就是说，如果没有这些与农业相关的制造业和服务业的发展，农业生产依旧会长期停滞在几百年前的水平；而这些与农业相关的工业和服务业的发展，不仅促进了农业产值的增加，而且其本身的产值增长远远超过农业，从而造成农业在 GDP 中的占比不断降低。农业在经济活动中比重的降低，反映的是技术和社会分工的进步。当然，农业占比也不是越低越好，而是要符合本国粮食安全和农业就业的需要。

制造业占比降低是否值得警惕

人们很自然地接受农业占比降低所代表的技术进步和经济发展

成果，并用"恩格尔系数"（食品消费在家庭消费支出中的占比）的降低来代表消费结构的升级，用制造业和服务业占比的提高来衡量产业结构的升级。然而，大部分中国人却不能理解制造业占比下降所代表的技术和社会分工的进步。

比如，有人提出既然制造业是国民经济的基础，那么制造业占比太低就是"产业空心化"，所以应重视制造业在经济中的占比，不能让其比重继续下降。为了扭转制造业占比降低的趋势，有专家学者甚至提出，把"制造业占比"作为一个地方经济高质量发展的重要指标，制造业占比越高，地方经济发展质量就越高。如果真的用这样的指标来考核，那上海、北京等经济发达地区，反而成为全国经济发展质量最低的地区了？

显然，如果为了强调制造业的重要性，而又不理解产业结构变化背后的技术进步和社会分工规律，仅仅从表面现象出发，那么所制定的指标就有可能起到不正确的导向作用。

与工业化过程中农业生产环节的产值在GDP中的占比下降相似，随着技术的进步和社会分工的发达，生产制造环节产值在经济中占比的下降与制造业的重要性并不矛盾。正如年勇先生文中所述，在美国占经济总量81%的服务业中，生产性服务业的比重最近几年已提高到48%左右，因而美国的制造业占比实际达到60%左右。所以，一方面单纯生产环节体现的制造业产值占比下降，另一方面与生产环节相关的服务业产值却迅猛增长。从这个角度来看，美国的确从来没有放弃制造业，虽然美国制造业在GDP中的占比仅为11%，但美国仍然是制造业强国。同样，虽然德国、日本制造业的GDP占比仅为20%左右，但这些国家的制造业核心竞争力其实都很强大。

虽然单纯生产环节的产值占比并不代表强大的制造能力，而真正代表制造业竞争力的技术水平、设计能力和品牌的价值含量，在实际经济活动统计中未必表现为制造业的产值，但是也不能简单地认为制造业占比越低越好，比如英国制造业占其经济的比重仅为8.4%，美国制造业占比为11%，的确带来很多制造业外迁和相应的就业机会转移问题。考虑到中国以国内大循环为主体、国内国际双循环相互促进的新发展格局，中国的制造业应该保持相对完整的供应链，其占GDP的比例应长期保持在20%以上，不低于日本和德国。

苹果和微软都是生产性服务业吗

如果制造业生产环节产值占比的降低并不意味着制造业总体规模的萎缩，也不代表制造业竞争力的下降，那么是不是生产性服务业的规模代表制造业的核心竞争力？其实很多传统的生产性服务业虽然很重要，但真正代表制造业强大核心竞争力的并不是为生产环节提供配套服务的所谓生产性服务业。

比如，美国的苹果公司是不是为中国的手机组装车间服务的？微软公司是不是为那些使用Windows系统的制造业工厂服务的？耐克公司没有工厂，只有研发、设计、品牌、渠道和管理，那耐克也是为它在中国、印尼、墨西哥的加工厂服务的？还有特斯拉总部，是为上海的制造厂服务的吗？到底谁是价值创造的主体？谁为谁服务？

答案是，苹果公司的研发、设计、品牌创造了价值（客户消费的主要也是这些价值），大量制造业都想为苹果公司服务；耐克的研发、设计、品牌、渠道创造了价值，大批制造企业都在为它代工服务。那些用研发、设计、品牌、渠道、管理创造价值的现代服务业，并不是为制造业服务的，恰恰相反，是制造业在为它们服务，在苹果、耐克等完成了价值创造的 80% 之后，制造业只是完成剩下 20% 的硬件价值，只是提供一个载体。

我们强调制造业的重要性没有错，但是制造业的重要性既不体现在制造业占 GDP 的比重上，也不体现在所谓生产性服务业的规模上，而是体现在那些能够独立创造研发、设计、品牌、流量、体验等软价值的现代服务业的规模上。这些现代服务业所引领的技术越发达、社会分工越细、产值越大，单纯制造环节的产值在 GDP 中的占比有可能就会越低。

中国的很多传统制造业为什么经营越来越困难？就是因为缺少足够强大的研发、设计、品牌、流量、体验等软价值创造能力，而只能靠为现代服务业提供制造和装配服务才能维持生存。为什么有些传统制造业困难到生存不下去的境地？因为它们失去了为这些现代服务业提供代工和制造服务的资格。只有像华为那样能用自身研发、设计、品牌创造软价值的制造业才有广阔前景，那么华为的价值创造主体还是制造环节吗？

总之，制造业很重要，但不能用似是而非的理论误导中国产业结构转型升级的方向：在工业化过程中，工业的发展虽然压低了农业的占比，但并没有损害农业的增长，而且工业技术还推动了农业的产出增长；在现代服务业的发展过程中，无论是知识产业、信息产业、文化娱乐产业、新零售、新金融等行业的快速成长，还是互联网、人工智能、大数据、云计算等服务业的技术进步，虽然压低了制造业的占比，但并不曾损害过制造业的增长，而且，这些现代服务业的发展还推动了制造业产值的提高。

服务业比重提高不会削弱制造业，而是社会分工进步

无论是农业在GDP中占比的降低，还是制造业占比的降低，究其原因都不是这些产业的产值下降，而是其他产业更快发展的结果（见图5-2）。

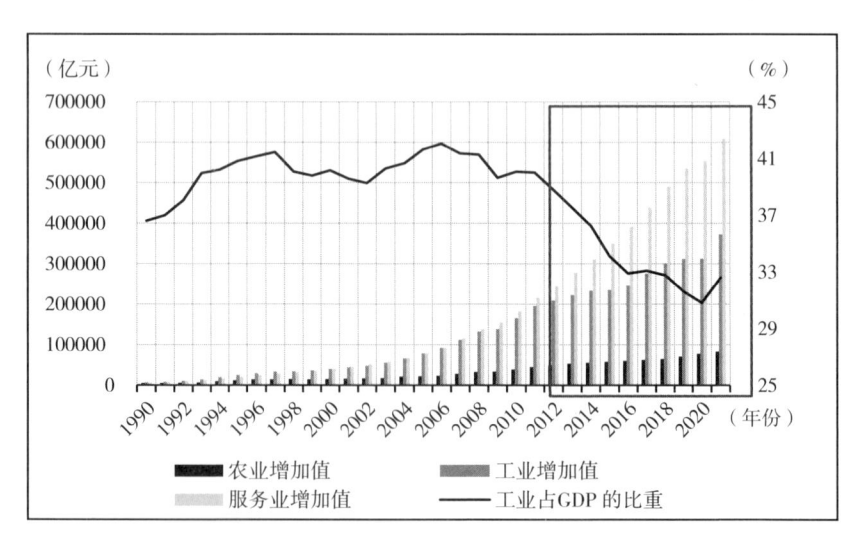

图5-2 工业占GDP的比重下降的同时，工业增加值稳步上升

数据来源：Choice数据。

农业占比下降最快的阶段，其实是因为那个时期工业增长最迅速；工业 GDP 占比下降较快的阶段，其实工业增加值每年都在稳步增长，其占比下降是因为服务业规模逐步超过了工业。

所以，就如同工业技术可以促进农业发展一样，服务业的发展也是推动制造业升级的重要力量。我们仍然要一如既往地重视中国农业和制造业，但如果从中国产业结构升级的角度确定高质量发展的指标，那仍然要把服务业占比的提高作为一个衡量指标，因为服务业的比重提高不但不会削弱制造业，反而是技术进步、社会分工进步、产业升级的主要表现。目前，中国的服务业占比已经从 20 年前的 40% 上升到了 54% 左右，以后还会上升到 60%、70%，甚至更高，这都是经济发展和社会分工进步的正确方向和必然规律。

当然，为了推动产业升级，最好是能够制定更科学的反映产业升级的经济指标，而不要被制造业、服务业这样的传统概念"框"住，从而陷入没有意义的争论。其实大家对"研发、设计、品牌、渠道和管理所代表的价值创造"重要性的认识是一致的，只是对制造业更有感情的人们希望把它们叫作生产性服务业，以此来呼吁政策要重视制造业；而对服务业更有感情的人，希望把这些核心竞争力叫作服务业，以此呼吁政策要大力支持服务业。这样的争论不但没有意义，反而有可能造成政策的误导甚至割裂。

在提出更科学的衡量先进制造业和现代服务业发展的经济指标之前，最好不要简单地把"制造业占比"这样的指标作为所谓的"高质量发展指标"，从而把制造业和服务业的发展对立起来；即便经过修正把"包括生产性服务业的制造业"占比作为高质量发展指标，也是割裂现代服务业、违背社会分工演进规律的。在制造业和服务业融合发展的大背景下，高质量发展的产业指标应更关注新的价值创造方式，让研发、设计、品牌、流量、体验、管理、数据、服务等软价值创造主体都可以独立发展，让社会分工越来越细，不断形成新供给，创造新需求，并带来新的经济增长。在这个过程中，现代服务业一直是推动先进制造业发展的主要力量。

占 GDP 比重不到 30%，制造业的价值演化方向

很多人对制造业在经济中占比的下降程度并不了解，即便了解后也未必能接受。欧美日等发达国家 GDP 中制造业增加值占比已经相当低，其中德国和日本的制造业占比仍然在 20% 左右，美国的制造业占 GDP 的比重只有 11%，全球工业革命的发源地英国的制造业在本国经济中的占比只有 8.4%。[①]

在走过快速工业化高峰阶段之后，中国制造业增加值在 GDP 中的比重也在不可逆转地下降。根据国家统计局公布的数据，制造业在中国 GDP 中的占比，已经从 2006 年的高点 32.45% 下降到 2020 年的 26.18%（见图 5-3）。

---

① 英国为 2020 年数据，美国、日本为 2019 年数据。

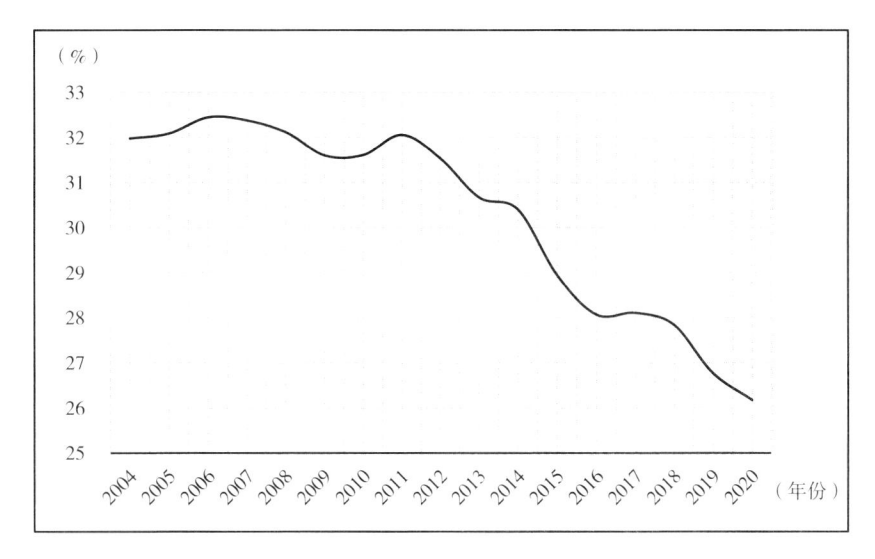

图 5-3　中国制造业增加值占 GDP 的比重变化

数据来源：国家统计局。

因为人们永远需要吃饭，所以每个国家都把农业当成基础产业。农业很重要，但农业的简单劳动本身创造价值的能力在下降，种粮的农民需要国家补贴，而创造更多价值的是从事研发的种子公司、农药公司和下游食品深加工企业。

与此类似，制造业仍然很重要，无论中国人还是美国人，都需要更多、更好的制造业产品，需要 iPhone、特斯拉电动车、戴森吸尘器、香奈儿服装、爱马仕饰品，以及未来比这些都要更加时尚、炫酷、方便、灵巧的制造业产品。然而，可复制的传统制造环节本身创造价值的能力就像传统农业一样不可挽回地在下降，而创造更多价值的却是那些为制造"服务"的程序和环节。

5G 投资是否超前：场景创新改变生活方式

2021 年，财政部前部长楼继伟关于 5G 投资的担忧，曾引起市场对 5G 应用场景的热议。楼继伟认为现有 5G 技术很不成熟，千亿元级的投资已经布下，而且运营成本极高，找不到应用场景，今后消化成本是难题。毫无疑问，楼继伟先生抓住了新技术推动经济增长的关键问题——应用场景和消费场景。应用场景或消费场景的创新，不仅关系到新技术的投资效益，而且事关"十四五"期间的扩大内需战略，事关未来的增长动力和增长结构，影响人们生活方式的改变和生活质量的提高。

3G、4G 如何创新消费场景，改变生活方式

"在乔布斯创造苹果手机之前，世界对它的需求是零"——新供给创造了新需求，并带来新的经济增长。[①] 乔布斯基于对消费者心

---

① 参见滕泰《新供给经济学：用改革的办法推动结构转型》，上海财经大学出版社，2019 年 12 月。

理的精准把握、苛刻的审美要求、超常的想象力,"无中生有"地创造出苹果手机和 iOS 操作系统等创新产品和服务,改变了人们的生活方式,提高了人类的生活质量。然而,如果手机只是一台无线移动通信设备,原来的数字手机诺基亚、摩托罗拉等老供给不会如此无情地被替代。苹果重新定义了手机,使它成为一台集通信、工作、休闲、娱乐等众多功能于一体的智能移动终端设备。即便是苹果智能手机这样伟大的创新产品,其创造新需求、改变人们生活方式的过程,也离不开各种应用场景的创新。

2007—2008 年的苹果手机虽然有多点触摸的独特体验,但在 3G 应用场景上的突破还不太明显,只包含了电话、短信、图片、音频、视频等普通应用,随着歌曲下载、苹果开发的各种软件应用、游戏功能、后置摄像头像素提升等相应的系列应用场景创新出来,苹果智能手机逐步淘汰了原有的数字手机等通信设备。

4G 时代智能手机的消费场景创新,参与者已经远远超出了以苹果公司为代表的手机设备生产商和软件开发商的范围,智能手机成为消费互联网的主要载体,延伸出商品、新闻、音乐、影视、网游、直播等更多应用。

3G、4G 时代影响最大的消费场景创新是各种社交 App,以及以此为基础衍生出的各种新业态。比如,腾讯推出的社交应用程序微信,目前已成为中国人最主要的即时通信工具,10 年间它又衍生出公众号、微店、小程序、视频号等应用。现在,微信用户已达 12.6 亿,居全球同类应用第三。①

另一大应用场景的创新发生在商业领域，即将频繁的社交需求与网购结合，电商在手机端也迅速占有一席之地。手机取代 PC，成为淘宝、京东购物、拼多多、唯品会、转转二手、贝壳找房等综合类和专业类电商最主要的入口。

新闻和信息资讯获取的应用场景创新也逐步改变了信息传播的业态，改变了人们的信息消费方式。从 2012 年起，传统报纸和新闻网站先后开始转型，从纸质或 PC 端转向手机客户端，2014 年以后形成高潮，现已成为获取新闻的主流方式。据艾媒咨询估计，2020 年中国新闻客户端用户规模为 7.24 亿人。创立于 2012 年的今日头条，基于数据挖掘个性化推荐搜索资讯，以算法为武器，因为突破了传统信息发布、获取及交互方式而异军突起。

智能手机在出行方面的消费场景创新，始于网约车。在中国，2012 年成立的滴滴出行是网约车的先行者之一，如今网约车已成为中国人主要的出行方式之一。共享单车则是中国企业家率先发起的消费场景创新，ofo、摩拜分别在 2014 年和 2016 年成立，手机扫码解决了"出行的最后一公里"问题，仅 2016 年就有 20 多个品牌进入该领域。如今在中国大部分城市都可以扫码骑车，极大提高了人们的出行质量。

移动短视频等消费场景创新，开始几年不温不火，先后有小影、微视、V 电影等，2012 年，快手从工具应用转为短视频平台，2016

---

① 微信用户数据来源于腾讯 2021 年三季报，包括微信和 WeChat。国际上，Meta（原 Facebook）旗下的两款应用 WhatsApp 2020 年用户数已超 20 亿，Facebook Messenger 有 18 亿。

年今日头条投资短视频创作，孵化了 UGC 短视频平台火山小视频和抖音短视频，到 2017 年终于迎来行业爆发，其高增长持续至 2021 年。据彭博社的报道，抖音 2021 年的平均日活跃用户（DAU）目标为 6.8 亿，相当于又一国民级应用。快手应用在 2021 年二季度的平均日活跃用户也达 2.93 亿。[①]

移动支付的消费场景创新始于 2013 年的微信"抢红包"——这种利用春节期间发红包、抢红包的创新场景策划，几乎在一夜之间把微信从社交工具变为几亿人使用的移动支付工具。创建于 2004 年的第三方支付工具支付宝也迅速变身为扫码移动支付工具。以这些快捷在线支付为基础，中国的线上电子商务、知识付费、短视频等的交易达成或变现更加顺畅，并覆盖交通、医疗、公共缴费等与百姓生活密切相关的领域。

2020 年的新冠肺炎疫情催生了更多的以手机等智能终端为基础的应用场景创新，远程办公、线上面试、网课、移动医疗、网游、视频等需求激增，智能移动终端更成为学习、工作和休闲的必备设施。2019 年 12 月上线的腾讯会议迅速拓展出数亿的个人和企业用户，为移动会议提供技术支持的 ZOOM 成为全球各地远程会议最方便的工具，该公司股票于 2019 年 4 月上市后股价最高上涨了 10 多倍，2020 年市值一度达 1400 亿美元，盖过 IBM。

[①] 快手 2021 年二季度及半年度报告披露，数据为快手中国地区主站、极速版、概念版三端用户维度去重。

5G 前景取决于市场化的应用场景创新

到 2021 年 10 月末，中国三大电信运营商的移动电话用户总数为 16.41 亿户，比上年末净增 4694 万户。其中，5G 手机终端连接数达 4.71 亿户，比上年末净增 2.73 亿户。[1] 在国内手机总体出货量呈现低增长的行业变化中，5G 手机出货量则显强势，占整体手机出货量的份额不断提高，2021 年前三季达到 73.8%，比 2020 年同期的 47.7% 大幅提高。[2] 这为 5G 技术消费场景的创设提供了有利条件。深耕 5G 的华为公司提到，5G 除了更极致的体验和更大的容量，还将开启物联网时代，并渗透到各个行业，与大数据、云计算、人工智能等一起带来通信业的又一个黄金时代。

中国"十四五"规划已提出，"构建基于 5G 的应用场景和产业生态，在智能交通、智慧物流、智慧能源、智慧医疗等重点领域开展试点示范"。

在 5G 网络环境下，超高清视频直播、VR/AR 以及裸眼 3D 等高速率应用都可望实现。建立在无延迟传播基础上的智能控制将在新时期的智慧工厂中迅速得以推广应用，从而深刻改变制造业。

此外，从车载导航到车联网、无人驾驶，可能是 5G 应用场景最早突破的领域，据 ABI Research 预测，到 2025 年 5G 连接的汽车将达到 5030 万辆。中国企业应思考的是，如何创新应用场景，才能以新技术创造新需求，改变人们的出行方式。

---

[1] 中国信息通信研究院 2021 年 10 月公布。
[2] 工信部 2021 年 11 月统计。

城市发展如何与5G深度融合，将5G技术应用于矿山、钢铁、码头等特殊作业或危险空间？在智能家居方面，5G将如何改变家庭？在医疗方面，5G将如何让远程诊断、远程手术和远程医疗监控成为现实？……

总之，在新技术引领的新供给扩张过程中，阶段性的消费场景或应用场景不足是很正常的问题，而且未来应用场景的创新也并不是产业规划者在办公室里就能够构想、规划的，应主要依靠创业者、企业家、风险资本等各类市场主体发挥各自的积极作用。回顾3G、4G时代，在即时通信、社交软件、电子商务、共享单车、网约车、内容分发、新闻客户端、短视频、网游、线上会议等不同领域的消费场景创新，都曾因为改变了人们的生活方式而催生了大批新兴产业，成就了阿里巴巴、腾讯、美团、字节跳动等一批行业巨头；而5G时代的应用场景创新将吸引更多产业的参与，或许将带来制造、医疗、交通、城市管理、家庭生活等领域的各种新业态，进一步改变生活方式，提升人们的生活质量，十几年后回头看，一定会有一批新的产业巨头因为5G时代的消费场景创新而崛起，而人类的生活方式将再次被改写。

元宇宙：下一代互联网与人类未来

2021年，由于有很多全球知名大企业都在涉足元宇宙，一时间元宇宙成了资本市场甚至全社会最前沿、最受关注的话题。赞之者认为元宇宙是越来越真实的数字虚拟世界，是下一代互联网，它将引领我们从电脑、手机的二维平面世界跨入 AR、VR、XR 的三维立体世界，从"在线"到"在场"，其对世界的影响堪比互联网和移动互联；而贬之者则认为它既无技术创新，也无产品创新，纯属投机炒作，元宇宙的尽头是"一场击鼓传花式的金融骗局"，更有人称"元宇宙将是整个人类文明的一次内卷"，会让人们长期沉浸于 AR/VR 的虚拟世界，影响人类对"星辰大海"的理想追求。

那么，元宇宙到底是投机炒作，还是人类未来？元宇宙会促进科研的发展进而改变人们的生活，还是会放缓人们探索大自然的步伐？

元宇宙的本质：虚拟共生的二元平行世界

在谈元宇宙的本质之前，先谈谈技术发展与应用场景的关系。如同在 2009 年或 2010 年 3G、4G 投资时代，人们想象不到几年之后会出现微信、抖音、移动支付、网约车、共享单车等一系列的场景创新，我们坚信 5G 未来一定会出现决策部门想象不到的应用场景。正是在这样的对 5G 应用场景的热切期盼中，2021 下半年，元宇宙突然火爆起来。5G 缺乏应用场景的问题似乎迎刃而解：按照积极拥抱新生事物的态度，元宇宙给我们的第一印象，首先是发生在数字虚拟世界的场景创新大爆炸，以及数字虚拟世界和现实物理世界的场景创新的大融合。

如果没有足够的应用场景，5G 也好，人工智能、区块链也罢，这些伟大技术本身的价值自然会受到社会怀疑。而元宇宙不仅为 5G 技术提供了足够广阔的应用场景，也为人工智能、区块链、大数据、云计算等很多新技术以及 AR/VR 产品、数字货币、数字资产、游戏、传媒、电影等产品创新提供了体量足够大的应用场景，是一次前所未有的数字虚拟世界场景创新的大爆炸。

元宇宙的场景创新跟以前的移动互联网不同，它从二维的空间深入三维的空间，即将构建一个庞大的数字虚拟世界，也可以把它叫作数字平行空间或数字平行世界。在与现实世界平行的一个全新的史无前例的空间上展开无边无际的场景创新，元宇宙必将带来很多新供给，创造出很多新需求，不断改变人们的生活方式，并带来新的经济增长。

元宇宙的场景创新空间有多大？可以先想象一下，单纯把现实的世界复制到数字平行空间就有多少创新和增长！在20世纪90年代末移动互联网出现的时候，第一代互联网人说我们让世界上的每一粒沙都拥有一个IP地址；那么元宇宙时代，人们会不会将日月星辰、海洋湖泊、山川陆地、楼宇道路等，都在数字平行世界做出全景、立体的呈现呢？当然！事实上这样的创造早已开始，在笔者参观过的一个中国某视觉工业中心，工作人员已经在数字世界初步复制了银河系的大部分日月星辰，也复制了地球上大部分的海洋，当我们戴上AR/VR眼镜，我们不仅可以畅游在星系间、海洋中，甚至还可以挥一挥手，与海洋中的鱼儿互动。未来如果有游戏或电影制作商需要在这里拍摄一个故事，或者军方需要某一个数字平行世界的山峦或城市模拟一场战斗，那我们能说这样的数字资产没有市场价值吗？

元宇宙数字平行空间的场景创作和创造绝不仅仅局限于复制现实世界，还可以源自人们无穷无尽的想象力。无论是《山海经》或《西游记》中的魔幻场景、人、物、神兽，还是《哈利·波特》的魔法世界，都可以在元宇宙虚拟世界里尽情地立体化呈现，并让通过AR、VR或其他入口进入这个数字平行空间的人与这里的人、物、场景近距离地密切接触，尽情地互动。伴随着数字平行空间的虚拟数字人、物、场景越来越多，虚拟社会的互动越来越多，互动关系越来越丰富，一个庞大的数字平行世界将逐渐形成。

当然，元宇宙数字平行空间的场景、人、物，还可以走出数字平行空间的虚拟世界，以实物的方式按照一定比例呈现在现实世界，可以想象，元宇宙时代将有大量来自虚拟世界的场景、人物、动物越来越多地呈现在现实世界。5年到15年之后，无论我们走在哪个公园和游乐场，都既有现实世界的湖泊、植物、动物，又有在数字平行世界里创作后复制到现实世界的各种场馆、场景、人物、动物、植物……这种创作和向现实世界的复制可以有多大的体量，带来多大的市场，带来多少产品的应用，如何改变现实世界和人们的生活，实在是难以想象！

有人把复制现实世界人、物、场景的数字虚拟空间叫作"数字孪生世界"，把完全在数字虚拟空间创造的人、物和场景叫作"数字原生世界"，把从数字虚拟世界映射到现实世界并与现实世界互动的情况叫作"虚拟共生世界"。想象一下，也许10年后，我们戴上AR/VR头盔就可以瞬间进入数字虚拟世界，或穿梭到万里之外的比赛"现场"，并与虚拟世界的人、物、场景互动。当从数字虚拟世界来的各种人（AI机器人）、物、场馆在现实世界无处不在，我们还能够区分数字孪生与数字原生，还能够区分现实的体验与数字虚拟世界的体验吗？

按照量子理论，物质既是粒子，也是波，因而世界本就是二元的，既有物化世界形态，也有波的形态。按照林左鸣先生的"二元价值容介态"理论，宇宙的底层属性本来就是二元的，一种是物质形态，一种是信息形态，就如同中国太极图中的阴阳鱼，物质世界和信息世界互相作用，共同推动宇宙进化。

所以，元宇宙不仅是数字虚拟世界，而且是由物质世界、信息世界互相影响、互相促进的虚拟共生的世界，即二元平行世界，元宇宙首先带给这个世界的核心驱动力，是数字平行世界的一次"宇宙大爆炸"，进而引发虚实共生的二元世界的场景创新大爆炸。

元宇宙对技术创新和产品创新的影响

有人担心人们一旦沉浸于元宇宙，就会止步于虚幻的世界而不再探索拥有星辰大海的客观世界，实际上，元宇宙、数字平行世界也可以极大地支持人们奔向星辰大海的科研工作。

几乎现实世界的所有研究工作都可以先在数字虚拟世界进行模拟，等模拟成功以后再把它搬到现实世界里来，比如航空航天的科研工作，如今都需要先在数字世界计算出各种数据，反复进行仿真模拟实验，然后才能在现实世界发射卫星等航空和航天器；各行各业的新产品创造、新的商业模式创造都可以这样，先在数字平行空间（虚拟世界）运算、模拟、实验，再到现实世界展示。这样不仅可以减少现实世界的人身风险和实物损耗，而且可以在数字虚拟世界根据需要把时间"拉长"，或把时间"缩短"，从而极大地支持了现实的科研工作。

显然，虚拟世界或数字平行空间里的场景创新、技术的发展，并不必然会阻碍人类奔向星辰大海去探索客观世界的东西，反而可以用它特有的模式支持人类的科研创造，帮助人们更好地探索海洋、星空，以及高速运动的微观世界。

除了在科研领域的应用，数字虚拟空间的仿真模拟实验还可以广泛应用在军事、体育竞赛、教育、交通管理等一切社会性实验方面。

例如，在军事方面，如果能够把原来简单的沙盘推演变成逼真的元宇宙推演，在真实的战斗开始之前先利用数字虚拟空间反复操练，必然能够减少真实战斗的牺牲和损失；在体育竞赛中，如果能够将现实世界的对手信息完全复制到数字虚拟世界，反复演练，胜率必然提高；在交通运输管理中，越来越多的练习、实验，都将在数字虚拟世界进行……由于数字虚拟世界的时间可以调节，因而所有社会性试验都可以在这里让因果立即呈现，且不需要任何工程物理上的成本，因而是成本最低和效率最高的社会实验方式。

元宇宙离不开5G、区块链、人工智能、大数据、云计算等技术的支撑，同时元宇宙场景创新大爆炸可以反向刺激5G、区块链、人工智能、大数据、云计算等技术的发展。

随着元宇宙时代的到来和元宇宙的场景创新大爆炸，中国的5G投资增速在经历短暂的回落以后，预计又将迎来一个投资高峰。

元宇宙海量的数据需求，也将进一步刺激大数据中心的建设，从而带动相关行业的大发展。

当然，最期待元宇宙应用场景的还未必是5G、大数据，而是区块链技术和数字货币。只有在元宇宙的虚拟世界，去中心化的区块链技术才会被如此迫切地需要，因为那里的虚拟资产和交易离开了区块链技术就无法确保安全；也只有在元宇宙的数字虚拟世界，数字货币才可能获得无限的应用场景，类似NFT（Non-Fungible Token，非同质化代币）这样的数字资产也会有爆发式需求。这也是为什么全球最期盼元宇宙的其实是那些数字货币和数字资产的投资人，也是早已筹划发行数字货币的 Facebook 决定 All in（全部押进）元宇宙，甚至为它改名的原因。

当然，元宇宙无穷尽的场景创新也会为人工智能的发展提供更大的场景，创造出更大的新需求。

还有来自数字虚拟世界的游戏、社交、娱乐等内容创新，其空间也从原来的二维平面进化到三维世界，从"在线"变为"在场"，开启了无限的创新和创造空间。

至于 VR、AR 等相关硬件产品，自然会因元宇宙的发展而出现爆发式增长。就如同共享单车本质上就是个场景创新——在这种新场景出现早期，中国的共享单车企业每个月采购上千万辆自行车。今天，全球的 VR/AR 眼镜出货量不过千万台，如果 2021 年是元宇宙元年，那谁能保证几年后全球的 VR/AR 眼镜或头盔的年出货量不会迅速过亿，甚至过 10 亿台呢？

元宇宙与软价值创造

如果我们的世界原本就是由粒子和波，或由物质形态和信息形态构成的二元世界，那么二元世界的价值形态和价值创造规律本来就有所不同。

来源于自然资源，在物质世界创造的价值形态叫作"硬价值"；而用人们的创造性思维，在主体信息世界创造的价值形态叫作"软价值"。越是"软"的价值，就有越多的硬科技含量；越是"硬"的产业，反而越没有科技含量。软价值的源泉不是自然资源，而是人的创造性思维；软价值创造的规律跟牛顿物理世界的硬财富创造规律截然不同，软价值创造的规律遵从量子世界的运动规律。

按照软价值理论之"场景原理"，场景即消费模式，"世界上所有的市场其实都是场景的投射"，有吃饭这样的消费场景就会有餐饮市场，有打车这样的消费场景就会有出租车和网约车市场。

共享单车作为一个场景创新，利用的是原来的自行车技术、移动扫码技术、导航与卫星定位技术，既没有技术创新，也没有产品创新，但是却极大地改变了人们的出行方式，创造出一个新的市场。

在成千上万的杰出企业家中，真正能够发明互联网、发明智能手机的毕竟是少数，80%的企业家仅仅用场景创新就可以不断地改变我们的生活方式，提高我们的生活质量，并创造出新的市场，带动各种技术和产品的发展，推动经济增长。

元宇宙可以有多少场景创新，就可以创造出多少新市场，并带来相应规模的经济增长。

元宇宙的所有价值创造，都是软价值创造。与互联网时代和移动互联网时代的流量是核心软价值不同，在研发、创意、场景、体验、流量这五大类软价值中，元宇宙的核心软价值也许应该是场景价值和体验价值，因为除了前文所说的场景价值，元宇宙的数字虚拟世界与现实物理世界最大的不同在于体验，包括二元世界的视觉体验、听觉体验、交互体验，以及未来可能会更逼真的触觉或其他体验。

那么，元宇宙的场景价值、体验价值，以及研发、创意、流量等软价值，是如何被创造出来的，又遵循哪些软价值规律？

元宇宙的软价值源泉不是自然资源，主要是人们的研发创意。

元宇宙的软价值不是纯客观的，而是介于主观和客观之间，很大程度上它的价值取决于人们的群体性认知。

元宇宙的软价值是相对价值而不是绝对价值，软价值不是一个点而是一个域。

元宇宙的软价值的运动有时是发散的，有时是收敛的。

元宇宙的供求曲线不是确定的函数，而是飘忽不定的。

在元宇宙的世界里变化可以是连续的，也可以是跳跃的。

在元宇宙的世界里，不是有因必有果、有果必有因，而是因果可逆、互为因果。

…………

软价值的创造与现实物理财富的价值创造也有很大的不同，只有掌握这些软价值创造的新规律，企业和投资者才能更好地把握元宇宙的投资机遇。

在元宇宙的软价值世界，核心生产要素是数据和创意，而不需要消耗太多自然资源或一般劳动，其要素稀缺性与物质世界截然不同；核心的生产力或许是算法、算力、人工智能，包括云计算、边缘计算、各种人工智能工具，而不是推土机或者挖掘机；核心的生产关系既不是传统的农业社会的生产关系，也不是工业社会的生产关系，甚至也不是移动互联时代以平台为中心的生产关系，而是一些"去中心化"的虚拟共生关系……

我们将如何把握软价值创造的新规律，元宇宙又将构建一个怎样的经济系统，需要什么样的社会治理模式？

元宇宙的机遇和新业态

看来，元宇宙并不是简单的炒概念，而是一个虚实共生的新世界，是人类社会未来的新形态。在元宇宙发展初期，我们可以把它当作一个值得认真关注和严肃对待的场景创新大爆炸，而且这个场景创新可以带动大量的技术创新、产品创新，改变人们的生活方式，让新供给创造新需求，带来新的经济增长。所以它不但值得认真研究和严肃关注，同时也会带来巨大的商业机会。

那么，站在元宇宙元年，企业和投资者应该如何参与元宇宙的投资？

首先爆发的可能是 AR、VR、MR、XR 等元宇宙入口的硬件端，以及为这些产品提供服务的各种头盔、显示器、芯片等。长期而言，还会出现其他的硬件入口，甚至马斯克所坚信的脑机接口也一定会有所突破并成为现实。

其次是投资于数字平行世界的内容端，各种虚拟数字人、物、场景的创造，以及相关的游戏、电影、食品等，所有的内容都面临着从二维信息到三维场景的转换和创作。

再次，还有元宇宙所拉动的 5G、区块链、大数据、云计算、人工智能等相关产业链。

最后，虚拟世界的数字货币和数字资产自然也是有价值的，但是需掌握软价值创造和定价的规律。

除了关注元宇宙带来的投资机会，还需研究元宇宙对传统行业的改变。

第一个将被改变的可能是文化娱乐产业，包括游戏、电影、电视在内，未来元宇宙里的各种娱乐产业，都将从二维变为三维，从平面的变成立体的。至于最终会演化出什么娱乐模式和新业态，目前还言之过早。就像移动互联技术最终成就了阿里巴巴、腾讯、百度、美团等企业，我们现在还不知道元宇宙最后会成就哪几个巨头，但是早期的参与者都有胜出的机会。

第二个将被改变的可能是会展或者旅游业。比如利用元宇宙的场景，在现实世界构建无数虚拟场馆、主题公园，让人们能够自由地穿梭在虚拟世界和现实世界。提供前所未有的交互体验，可能是未来会展和旅游业竞争的新形态。

第三个将被改变的或许是教育、广告、传媒行业。当数字平行空间的各种虚拟数字人一个个闪亮登场，人们可以在数字平行世界分身有术，我们不知道未来的教育、广告、传媒行业会演化出多少难以想象的新业态。

第四个将被重新定义的是商业。互联网、移动互联网已经改变了传统商业，而元宇宙时代的商业恐怕又要被改写。人们有多少时间是戴上AR/VR眼镜逛数字世界的虚拟商店，又有多少时间去逛现实中具有物理形态的商店？有多少原来在现实物理世界让人们得到满足的商品和服务，会陆续转移到元宇宙的虚拟世界？又有多少从虚拟世界走出来的商品会在现实世界大行其道？

第五个将被改变的是金融行业。各国央行发行的信用货币在现实世界里仍占据统治地位，可人们在虚拟数字世界里却使用去中心化数字货币进行交易，如果虚拟世界的资产规模越来越大，甚至外延、反射到现实世界，那未来的金融形态将发生什么变化？

最后，随着上述软产业的变化，元宇宙时代人们的办公方式、生活方式、社会分工必然发生深刻变化。制造业不仅被元宇宙的新技术改变，还会被新的工作方式、新的社会分工改变：当人们无论身在何处都可以如同在一起，当现场办公越来越多地可以被远程虚拟场景取代，当智能制造、智能控制等 AI 机器人穿梭于虚拟和现实的工厂之间，工厂还是现在的工厂吗？行业还是现在的行业吗？元宇宙时代的"阿凡达"们都将面临怎样全新的工作和生活方式呢？

元宇宙可能带来的负面影响

元宇宙可能带来的负面影响首先是它可能造成人们在数字虚拟世界里过度沉浸。比起二维平面世界的游戏，元宇宙时代的游戏必然更逼真、更有沉浸感，不要说未成年的孩子，成年人又有多少能抵御如此诱惑？现在我们去电影院看一场电影不管多么投入，毕竟还是置身事外，如果元宇宙时代我们看一场战争电影，只要戴上 AR/VR 头盔就可以端着枪进去打一场，这种逼真的呈现感和故事沉浸感所带来的人类过度沉浸问题，的确值得前瞻性研究。

元宇宙所带来的第二个负面影响虽然不像前者那样普遍，但是后果恐怕更加严重，那就是元宇宙社会场景实验的错误应用。比如，同样是武器，警察可以用，歹徒也可以用；元宇宙在军事方面的应用，可以被用于保家卫国，也可以被用于侵略战争……如何防止技术作恶，是人类在推动技术进步过程中面临的永恒话题。

最后，元宇宙的投资难免会带来一些资本市场的泡沫和现实世界的炒作。不管你喜欢不喜欢，元宇宙就是人类社会的未来形态，即使如此，元宇宙时代的到来也需要至少 5~15 年的时间，在 5 年之内，元宇宙仍然处于探索和酝酿准备阶段，如 VR 游戏、VR 社交体验、VR 观影、VR 购物、VR 赛事、VR 办公等早期布局。当元宇宙的大部分相关产业仍然处于"朦胧期"时，最容易在资本市场被炒作。虽然 AR/VR 的设备供需尚未真正爆发，但此时只要一个上市公司说一句"给 F 公司供货"或"给 M 公司的客户供货"，往往就可以使若干股票涨停；一个游戏公司、传媒公司、场馆设计公司，只要声明关注元宇宙、涉足"虚拟数字人"或 NFT，就可以让股价大涨。

类似的情形早已出现在 20 世纪 90 年代美国互联网泡沫时期，大量的投资和投机资本涌入互联网领域，一时间出现了成百上千家互联网公司，估值不断升高，最终自然是泡沫的破裂，无数泡沫参与者的财富灰飞烟灭。

然而，虽然互联网泡沫破裂了，90% 以上早期的互联网公司最后也都消失了，但是这并不妨碍剩下的少数互联网企业彻底改变了人类的工作方式、生活方式，并不断改变社会分工，用新供给创造新需求，带来新的经济增长，也才有了今天的互联网世界。

元宇宙的投资和投机炒作恐怕也一样，正因为它是人类的未来，所以才值得资本市场如此追捧炒作，也正因为资本市场的热情，才会有足够的资金流入来推动其发展。

我们没必要去阻挡投机资金的涌入，也无法避免围绕元宇宙的题材炒作，但是至少有三点可以确定：一是这些投资和投机一定会催生泡沫，多年后也会催生出一批伟大的企业，围绕这些企业前端、后端的增长机会也会极大地推动经济的增长；二是一旦泡沫破裂，必然会一地鸡毛，让盲目参与的投资者付出惨重的代价；三是元宇宙最终还是会改变经济、改变社会分工、改变我们的生活、改变世界。

面对元宇宙必然带来的以上三种结果，我们应该做的或许不是一味地赞美和追捧，或简单地诅咒、谴责，而是应该时刻清醒地知道：我们是谁；我们是选择主动地认识，还是被动地接受；我们将在这个过程中，在什么环节，承担什么风险，扮演什么角色。

第六章　区域协调发展与新增长极

　　全球区域经济的不平衡，归根到底还是因为各地区产业发展的不平衡；而产业发展的不平衡又是区位优势和人才、资金、技术等生产要素长期流入或流出的结果。在新的历史时期，如何看待一个地区或城市的"新区位优势"？哪些因素构成一个地区或城市的"新动态要素比较优势"？如何找到像当年深圳或上海浦东那样既能拉动区域经济增长，又带来创新创业机会的新增长极？

营商环境透视区域经济发展潜力[①]

在农业时代，决定经济潜力的关键要素是土地和人口；在工业时代，决定区域经济发展潜力的关键是资源要素禀赋、交通条件等区位优势；而在人民追求美好生活需要的软价值时代，包括人文环境、教育和人才环境、生活环境、金融环境、法治环境、政务政策环境在内的营商环境，才是构成一个地区新区位优势，决定其经济发展潜力的关键。

从营商环境看新区位优势

比较珠江三角洲城市群、长江三角洲城市群、中原城市群、长江中游城市群、山东半岛城市群、京津冀城市群、海峡西岸城市群等七大城市群[②]，珠江三角洲毗邻港澳，积累了丰富的金融资源，作

[①] 本节内容参考了国内最近几年不同机构发布的营商环境评估和研究报告。
[②] 城市群根据国家发改委对《关于长江中游城市群发展规模的批复》《关于长江三角洲城市群发展规模的批复》《关于中原城市群发展规模的批复》等国家级城市群批复文件进行划分，其中珠江三角洲城市群根据《粤港澳大湾区发展规划纲要》进行划分。考虑到样本的代表性，选取了入选城市超过 5 个的城市群。

为改革开放的先头兵，创新活力充沛，具有良好的政府服务氛围，吸引了大批创业企业和创新人才涌入，市场环境、监管执法与法治保障环境、政务服务环境、创新环境和生活环境各项指标均位列首位。长江三角洲在中国工业化进程中起到了举足轻重的作用，有完善的工业化产业集群，健全的产业结构和城镇化基础，是营商环境指数TOP50最多、城市综合实力最强的城市群，市场环境、创新环境和监管执法与法治保障环境仅次于珠三角城市群。

山东半岛城市群近年来重视产业转型和创新发展，技术成果储备居前列。海峡西岸城市群民营经济活跃，政务服务形成了重商、亲商、兴商的氛围，政务环境排名居前，同时依托沿海的地域优势，以及文化休闲、夜经济的发展，生活环境也位居前列。京津冀城市群依托北京的辐射和带动作用，对人才和技术有着强大的虹吸效应，在人才供给、市场规模、企业创新和信息赋能等方面都具有明显优势（见图6-1）。

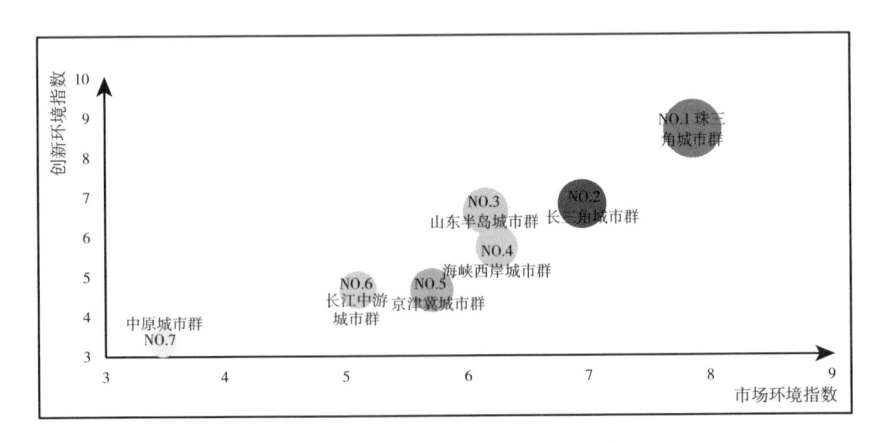

图6-1 七大城市群营商环境指数比较

数据来源：万博新经济研究院。

从营商环境看东中西部各省发展潜力

在目前国内可参考的各类营商环境评估中，浙江、上海、江苏、天津和福建等的营商环境排名最靠前。江苏优势最为明显的是技术创新环境和人才环境；浙江的多项软环境指标居全国前列；福建的短板在于大学数量、基础教育人才穿透度、研发人员数量等；天津在民营经济活跃度上还有较大提升的空间；山东在金融环境、技术创新环境和人才环境方面表现尤为突出，虽然山东的大学总量位于全国前列，但在人均文化与教育支出、高学历人口占比、市场竞争文化方面仍有进一步提升的空间。

从东部地区来看，海南拥有最为优越的自然环境和地理条件，但软环境的差距相对明显，尤其是技术创新环境和人才环境得分较低，技术创新慢、人才匮乏成经济发展掣肘。人才环境指标在全国排名处于尾部，技术创新环境中的技术市场活跃度、专利授权仍处于较低水平，大学数量和高学历人员在基础教育的就业穿透程度指标方面也排名靠后，如果能够补齐这些短板，那未来经济发展将有较大潜力。

中部地区大部分省份在基础设施、金融环境、人才环境、技术环境等营商环境细分指标方面的排名基本处于全国中上游水平，其中湖北、安徽两省在营商环境指数中排名遥遥领先，龙头效应开始显现。其中湖北的人才环境、文化环境优势明显，均位列中部地区榜首。安徽在基础设施、金融环境、技术创新环境、生活环境等方面优势非常突出。河南的劳动力优势尤为明显，但在文化环境和人才环境方面差距较大，比如河南在研发人员数量、重点大学数量、高学历人口结构、市场竞争文化等方面都有较大提升的空间。

东北地区的黑龙江、吉林、辽宁都是传统的重工业基地，资源依赖型产业亟待转型，而近年来"投资不过山海关"的舆论对东北地区吸引新产业、新业态产生了一定的负面影响。从营商环境指数评价结果来看，辽宁在基础设施、专利授权量、技术市场活跃度、上市公司数量、金融网点密度、大学数量、高学历人口结构等方面在东北三省中均体现出较明显的优势。

河北、甘肃、山西等能源重化省份也面临严峻的经济转型压力，亟待完成由硬资源消耗到软环境驱动的蜕变。其中，河北的钢铁等重工业超负荷发展，一度造成了严重的大气、水和土壤污染问题，同时在软环境方面也亟须补齐短板。河北的金融环境指标和人才环境指标在全国排名靠前，技术创新环境也有一定基础，但文化环境指标的短板十分明显。甘肃一直是以石油工业、有色冶金为主的西北工业基地，但随着重工业转型升级的压力越来越大，软环境建设却没有跟上，高学历人才数量、金融服务易得性、专利研发能力指标都落后，经济发展瓶颈有待突破。山西虽在金融资源方面具有相对优势，但在技术创新环境、人才环境、文化环境等方面均处于劣势，有待进一步加强。

相比于资源接近枯竭的省份，内蒙古、宁夏仍有较为丰富的资源，还叠加了在一带一路上的区位优势。其中宁夏在人才方面已经有一定基础，高学历人口占比居全国中等水平，但在金融和融资环境方面都比较薄弱。内蒙古的细分指标高学历人口占比排全国第六，同时内蒙古的私营经济活跃度和人均文教开支也在全国前三分之一左右，这造就了内蒙古较好的文化环境，但其基础设施仍存在较大短板。内蒙古拥有丰富的煤炭和天然气资源，在区位上联通俄罗斯和蒙古，如果能在基础设施建设上进一步加大力度，同时加强金融环境和技术创新环境建设，则更有利于发挥其区位和资源优势。与之类似，广西也具备向东南亚开放的区位优势，新疆则是向西开放的必经之路。这些省区如果能及时补上营商环境的短板，则有望更好地发挥通道、平台和桥头堡的独特区位优势。

西部省区的陕西、四川，无论是在基础设施建设等硬环境方面，还是在技术创新环境和金融环境等软环境建设上，均已跻身全国中游，具备了较好的发展基础。其中四川的技术创新环境、金融环境、人才环境具有明显优势，陕西的技术市场活跃度指标、重点大学数量等单项指标均有独特优势。但除此之外的大部分西部省区市的软硬环境各项指标均有待提高，差距比较大的是金融环境、技术环境、人才环境等。其中，云南虽然自然环境指数高居全国榜首，但基础设施、金融和人才环境的落后在一定程度上制约了其自然资源优势的发挥和工业化发展；贵州则在技术创新环境方面有明显差距。

从营商环境看城市发展潜力

从各城市营商环境比较来看，上海、北京在营商环境方面优势明显，人才环境、金融环境、文化环境、创新环境、法制和政务环境等软环境指标均遥遥领先。武汉、成都作为中西部的领头羊，在人才供给、信息融合发展等市场和创新环境的细分领域，显示出明显的竞争优势。

西安近年来大力推行户籍新政和相关配套服务工作，率先在全国同等城市中推出"流程最简、门槛最低、条件最少"的落户政策，多举措引才聚才，职业人才供给、科研人才供给、本地人才供给均居全国前列，人才驱动城市发展取得了一定成效。

昆明作为承接东部产业转移的重要城市，在生态承载力方面具有独特优势，空气质量、生活环境居全国前列，且在人才环境方面，尤其是本地人才供给和科研人才供给已积累了相当的优势，如果能补上创新环境，尤其是基础研究能力的短板，则将有望在产业承接方面发挥更为积极的作用。

合肥是国家重要的科研教育基地，近年来一直致力于建设创新型城市，技术成果储备等创新环境指标表现亮眼。

郑州在劳动力供给方面具有独特的优势和潜力，本地人才供给、职业人才供给和科研人才供给进步较快。在金融服务方面，融资便利度有所提高，创新环境和信息赋能度也有改善。

在五个计划单列市中，深圳的市场环境、创新环境、生活环境均位居首位，厦门和青岛随后，宁波和大连在计划单列市中排名相对靠后。厦门的政务服务环境提高得很快，企业对于政策环境和证照办理改善度认可度较高，就学便利度在计划单列市中排名第一，但在就医便利度、间接融资便利度、政府文教投入力度等方面仍有进一步改善的空间。青岛在计划单列市中本地人才供给排名第一，职业人才供给和科研人才供给均排名第二，具有较强的人才竞争优势，但民营企业活跃度未来仍有进一步提升的空间。宁波营商环境指标中的创新环境较好，但未来仍需加大对科研创新人才的吸引力度。

珠海、汕头的营商环境领跑三四线城市，其中珠海高度重视创新驱动战略，先后出台了培育引进"独角兽"企业、创新产品首购订购等政策，企业创新力、信息赋能度、专利成果储备均排名靠前。在监管执法、法治保障环境方面改善最明显，就学便利度和就医便利度仍有待进一步优化。汕头作为沿海经济带的重要发展极，直接融资便利度、政府文教投入、城市生活垃圾无害化处理率、空气质量、就学便利度均遥遥领先于其他三四线城市，但在创新环境、政府科技投入力度方面仍有进一步提升的空间。

在其他三四线城市中，洛阳的市场环境亮点突出。近年来，洛阳大力推进"河洛英才计划"和"河洛工匠计划"，不断壮大创新人才队伍，职业人才供给位居三四线城市首位。政务服务环境方面，受访企业普遍反映洛阳的营业执照办理标准统一，办理营业执照变更时的审批手续简化，给企业带来了便利。

最后，需特别指出的是，我们多年来对各地营商环境的研究发现，人才环境、金融环境与城市经济发展的正相关性最高。在人成为创造财富的核心要素，且资金高度可流动的后工业时代，如何不断优化和改善营商环境才是未来区域经济政策的核心和根本出发点。

从房价走势看区域和城市前景

房价虽然会是城市生活成本的重要指标,但房价变化往往也是一个城市经济发展水平的客观反映。一个城市的房价高低,反映的绝不是住房的建筑质量和建筑成本,而质量是居民收入水平、交通和居住环境、文化环境、就业机会、未来潜力等多方面的综合反映。房价走势可以作为一个城市发展前景的重要标志之一。

支撑中国房价上涨的五大因素已经逆转

走过 20 年的长期上涨之后,支撑中国房价的五大类因素——人口城镇化、居民收入增长、房地产金融、居民资产配置、房地产供给[①]等都已经或正在发生逆转。

---

① 参见滕泰《五大类因素支持中国房价长期上涨》,2009 年。

人口城镇化因素

2020年，中国人口城镇化率从1998年的33.35%升至63.89%，每年的新增城镇化率平均在1.4%左右，即每年新增将近2000万的城市人口，从而带来房地产需求的持续增加。2015年以来，每年的新增城镇化速度逐步下降，现已回落到1%以下。预计在总体人口城镇化率达到70%后会显著放缓，届时人口城镇化所带来的房价上涨动力会逐年趋弱，并且会因为不同地区人口流入和流出情况而出现明显的分化。考虑到人口城镇化和移民因素在全球各国的各历史阶段都与城市房地产保持比较强的正相关关系，中国未来人口城镇化速度的放缓对房价的推动力势必逐年减弱。

居民收入增长因素

沃顿商学院的理查德·贺林（Rechard J.Herring）教授对全球50多年的房地产市场的研究表明，居民可支配收入增速与各国房价都有明显的正相关关系。中国居民可支配收入过去40年来一直伴随GDP增长，但近年来，尤其是2020年经济受到新冠肺炎疫情冲击以后，中国城乡居民可支配收入增速明显下降。2016年至2019年，中国居民人均可支配收入年均实际增长6.5%，而2021年前三季度，居民收入按两年平均为实际增长5.1%。毫无疑问，中国居民可支配收入增速的放缓，将削弱房价上行的动力。

房地产金融因素

从宏观上讲，全球的货币超发要么流向房地产，要么流向股市，要么流向实体经济，全球范围内房地产金融因素都是推动房价的主要原因之一。当然，一旦房地产金融发生逆转，比如2007年美国的次贷危机，对房价的反面影响则愈加巨大。从微观上看，按揭贷款是全球居民购房的普遍方式，因而以房地产按揭贷款为基础的房地产金融因素对房价有十分重要的影响。过去20年来，中国的房地产金融一直是推动房价上涨的主要因素，每当金融紧缩，房价就会阶段性有所回落。2020年以来，中国的房地产金融政策虽然阶段性地有所微调，但这与之前20年的全面支持态度已经不可同日而语。更加谨慎的房地产金融政策必然会削弱中国房价上涨的动力。

居民资产配置因素

居民资产配置因素在所有影响房地产价格的因素中是最特殊的，因为它是个双刃剑，在房价上涨过程中放大上涨，在房价下跌趋势形成后放大下跌的能量。目前来看，在中国的房地产需求中，投资性和投机性住房需求越来越少，因为资产配置而推动房价上涨的力量也在衰减。值得警惕的是，中国居民房地产配置在家庭财富总量中的占比高达70%以上，如果这个配置比例有所下调，那所带来的冲击也是十分巨大的。

房地产供给因素

房地产供给因素与房价负相关。过去 20 多年中国的土地拍卖制度虽然形成了金额巨大的"土地财政"收入来源，但是客观上也成为抬高房价的重要因素之一。2021 年随着很多城市土地"流拍"宗数增加，土地供给因素显示了房地产供给的动力已今非昔比。

曾经支持中国房价上涨的五大类因素，目前都已在弱化甚至逆转，2021 年中国商品房市场成交量明显萎缩，居民购房意愿明显降低。好在中国的城镇化速度虽然在放缓，但依然有空间；中国居民收入增长速度仍然保持正增长；中国货币超发量 2013 年以来已经明显放缓，并且其中很大一部分被股市扩容吸纳，对房价的推动力有所弱化；中国居民的房地产配置比例已经是全球最高，未来有逐步下降的趋势。在这样的背景下，中国的房价普涨阶段已经结束，未来必然走向分化。

中国城市房价走向分化

对于居住在北京、上海、广州、深圳等中国一线城市的居民而言，那里是中国的经济、科技、金融、文化、贸易中心，通常还充当大都市圈核心城市的角色，在国际上则对标纽约、伦敦、香港这些大都市，其特殊吸引力很难被替代，因此即便由于经济增速放缓、金融收缩或其他周期性因素造成房价阶段性下跌，长期来看也仍然能够涨回来，就像纽约、香港、伦敦历史上都经历过若干次房地产市场泡沫破裂，但是如今房价仍然高高在上一样。因而，居住在一线城市，尤其是城市核心地段的居民，仍然可以继续持有房产，既能对抗通胀，也能抵御经济衰退。

对于那些居住在成都、重庆、西安、合肥、武汉等大城市圈中心、区域经济文化中心的居民而言，由于相对于周边中小城市和县城，它们具有明显的人才优势、产业聚集优势、商业和服务业发达、文化娱乐生活丰富，因而未来很可能继续吸引人口流入，房价相对稳定。

那些位于超大城市、大城市圈外围的卫星城市、三四线城市，将因核心城市强烈的"虹吸效应"而进一步失去吸引力，比如，在西安、成都、武汉、杭州、北京、合肥周边的那些三四线城市、县城小镇，人口将继续减少，房价下跌趋势一旦开始，便难以回升，持有这些城市房产的家庭，不但不能保值，反而可能折损。最近几年北京周边的廊坊、燕郊、张家口等城市的房地产价格已经开始明显下跌；西安市的人口十年增加400多万人，结果造成周边的咸阳、渭南、宝鸡、铜川、商洛的人口持续流出和房价下跌；在湖南，长沙人口比十年前净增300万人，同期衡阳、邵阳、常德、岳阳等城市人口都呈现净流出走势；在湖北，武汉市吸引了来自宜昌、黄石、十堰、黄冈、襄阳、孝感等城市的人才，尤其是年轻人。这些被虹吸效应影响的城市居民，其持有的房产难以对抗通胀，一旦经济衰退来临，恐怕还会加速下跌。

正在到来的中国房价大分化，最值得关注的是那些产业结构老化、营商环境差、社会治安差、思维观念陈旧的城市，这些城市就像美国底特律、匹兹堡、代顿等东北部五大湖区，虽然曾经是美国经济的中心和工业的心脏，但在钢铁、玻璃、化工、铁路等产业的没落中成为"铁锈带"（Rust-Belt），其房地产的价格下跌就像其产业衰落和人口流出一样，难以逆转。

表 6-1 显示的几个人口持续净流出地区，比较典型是黑龙江、吉林、辽宁。以鹤岗市为例，从 2010 年到 2020 年的 10 年间，鹤岗市区人口减少了 17.12%，曾有新闻报道说，2019 年在鹤岗市可以用几万元买到一套住房，便是这类城市的写照。东北地区产业老化和资源枯竭型城市发生的情况，在西北的资源枯竭型城市也同样发生着。居住在上述地区的居民，要战胜通胀与经济衰退风险，显然不能靠继续持有房产，而是必须找到更能保值增值的投资对象。

表 6-1　第七次全国人口普查（2021 年）结果显示中国部分省人口净流出、流入情况

地区	差额/万人	地区	差额/万人
广东	2169.21	西藏	64.59
浙江	1014.07	江西	62.08
江苏	608.71	湖北	51.48
山东	573.47	青海	29.72
河南	533.56	甘肃	-55.54
福建	464.59	内蒙古	-65.71
广西	410.30	山西	-79.65
新疆	403.65	辽宁	-115.49
贵州	381.36	吉林	-337.94
四川	325.73	黑龙江	-646.39

资料来源：国家统计局。

如同在全球范围内，既能够聚集产业、人才，同时自然环境和人文环境又最具吸引力的莫过于旧金山湾区、纽约湾区、东京湾区等几个著名的湾区，在中国，能够持续吸引人口流入，自然环境、人文环境最具吸引力的莫过于珠江三角洲的粤港澳大湾区和长江三角洲的杭州湾区。从粤港澳大湾区来看，世界 500 强企业、高新技术产业、金融资本、对外贸易等高度聚焦，过去 10 年粤港澳大湾区九个内地城市人口净流入超过 2000 万人。除了深圳、东莞、广州等城市，以珠海、中山为代表的珠江口西岸城市，近几年也已经形成新的区位优势、新要素比较优势、新的产业聚集优势，并拥有优美的自然环境和良好的社会文化环境，正在吸引越来越多的人才和产业流入。[1]大湾区珠江口西岸城市的房地产不但能够对抗通胀，即便是面临周期性的经济衰退，应该也能保值增值。

与粤港澳大湾区相比，长三角地区的上海、南京、杭州、苏州、合肥，乃至无锡、南通等城市，多数 GDP 超万亿元，科技文化领先、产业集群效应明显，能够吸纳国际优秀人才，未来仍是人口净流入地区。长江三角洲城市的房地产，长期来看仍然具有抵御通胀和经济周期的保值增值潜力。

海南岛被人们类比为"中国的夏威夷"，虽然很多中国居民想通过投资海南岛的房地产来获取收益，但是很显然，度假旅游地与产业高地是两类性质完全不同的区域，尽管海南现被赋予了试行自由

---

[1] 见新浪意见领袖专栏，《滕泰：未来二十年，中国最强劲的新增长极在这里》，2021 年 4 月 9 日。

贸易试验区和自由贸易港的新开放职责，但毕竟离金融、科技和贸易中心有较大距离。海南全省 GDP 仅相当于中国三线城市，大体与浙江嘉兴市相当，持有海南省的房产虽然方便度假，但无论从经济发展前景，还是海南省相关房地产政策分析，海南省的房地产可能并不是投资的好选择。

大湾区西岸，21 世纪新增长极

第七次全国人口普查结果中的人口流动数据，使人们不约而同地把视角转向粤港澳大湾区：过去 10 年大湾区内地 9 城市新增人口 2183 万人，不但人口流入最多，人口结构也最年轻、最有活力。如果将大湾区 "9+2" 城市视为一个经济体，那么其经济体量已与俄罗斯或韩国相近。然而，大湾区经济发展也存在着明显的失衡，珠江口西岸城市的 GDP 总量只有东岸城市的 1/5。大湾区东西两岸城市的要素禀赋相同、政策环境相似、地理位置相近，为什么经济发展会如此失衡？如今造成西岸城市"跛脚"的客观因素和深层次的主观原因是否已经消除？未来的大湾区，会沿着原有的惯性成为一个越来越"跛脚"的巨人，还是能够通过战略调整实现更平衡的发展？

快速奔跑的大湾区，却是"跛脚"的巨人

作为改革开放最早的经济特区，深圳和珠海犹如分跨珠江口东西的两颗明珠。深圳面积为 1997 平方千米，珠海为 1736 平方千米，两市不仅面积相差不多，1980 年的工农业生产总值也大体相当。40 年过去，深圳已发展成具有全球影响力的国际化大都市，2020 年 GDP 达 2.76 万亿元，仅次于上海市和北京市，而珠海经济总量仅有 3482 亿元，约为深圳的 1/8；在 2020 年《财富》世界 500 强企业榜单上，广东有 14 家企业上榜，其中深圳有 8 家，珠海仅格力电器 1 家；从上市公司数量来看，深圳在内地、香港，以及国外上市的公司总数到 2020 年年底超过 400 家，而珠海仅有 38 家。截至 2020 年年底，深圳本地上市公司总市值达 16.36 万亿元，珠海则为 6620 亿元。

如果进一步比较珠江东西两岸的城市就会发现，珠海发展的迟缓实际上是珠江西岸整体滞后的缩影。我们将粤港澳大湾区所包含的"9+2"城市群划分为三个圈：珠江东岸城市包括香港、深圳、东莞、惠州，珠江西岸城市包括澳门、珠海、中山、江门，珠江北岸城市包括广州、佛山、肇庆。从广东省各地级市 2020 年本地 GDP 规模可以看出，排在前 5 名的均为东岸和北岸城市，西岸的珠海、江门、中山不仅在省内排在第 6 名至第 9 名，在全国也分别排在第 72、第 82、第 84 名，与河南许昌市、江苏宿迁市、广西柳州市大体相当。

大湾区东西两岸的发展失衡已显得越来越严重。以深圳和香港为核心的大湾区东岸增长极，以广州和佛山为核心的大湾区北岸增长极，都已成为拉动全国经济的火车头、高端产业和新兴产业的聚集地、全球要素的强大引力场，但西岸的澳门、珠海、中山、江门不但经济体量小，发展水平和发展观念落后，在各项指标上均不特别拔尖，合起来也没有形成真正的经济增长极。

由此可见，粤港澳大湾区虽然经济总量大、人口流入多、产业结构好，但在内部却存在着明显的短板，西岸城市与东岸城市差距巨大，让大湾区成为两条腿一长一短的"跛脚"巨人。

如同中央高度重视粤港澳大湾区的发展，广东省也一直重视珠江口西岸城市的发展。早在20世纪80年代的第一批四个经济特区中，西岸的珠海和东岸的深圳各占一席；2009年，国务院正式批准实施《横琴总体发展规划》，将横琴岛纳入珠海经济特区范围，希望逐步把横琴建设成为"一国两制"下探索粤港澳合作新模式的示范区；"十三五"期间，广东省委、省政府赋予江门打造"珠江西岸新增长极和沿海经济带上的江海门户"的重任；2018年，广东省委、省政府出台《珠江西岸先进装备制造产业带布局和项目规划》；2021年，又出台了《关于支持珠海建设新时代中国特色社会主义现代化国际化经济特区的意见》。但为什么大湾区两条腿一长一短的差距，似乎越拉越大了？

政治与经济：一分为二看澳门

澳门的发展关系到"一国两制"的成功实践，关系到祖国统一大业的顺利推进，澳门还承担着中国与葡语国家商贸合作服务平台的作用和多元文化交流的功能，在新时期对外开放中具有特殊的重要意义。对大湾区来说，如何让澳门更好地服务和融入构建发展新格局，对珠海而言，如何"促进澳门经济适度多元化发展"，都是重要的政治任务。

然而,一个城市在政治上的重要性,很容易简单地与它在经济上的角色混为一谈。从经济规模来看,澳门 2019 年的 GDP 总量约为 3800 亿元人民币,与珠海大体相当,2020 年受新冠肺炎疫情冲击后,经济总量大幅低于珠海;从产业来看,澳门高度依赖博彩业及相关的旅游业,博彩业在 GDP 中占比达到五成,加上商贸、旅游等第三产业占 95.7%,第二产业只有 4.3%;从地理纵深来看,澳门地域狭小,陆地面积仅为 33 平方千米,是香港的 1/34,是珠海 1736 平方千米的一个零头;从人口总量来看,澳门人口仅 60 多万人,还比不上北京市天通苑和回龙观两个社区的居民人口规模。

因此,只有坚持实事求是的精神,将澳门政治上的重要性与经济资源上的有限性一分为二地看待,才能更加准确地厘清澳门和大湾区的关系。反之,不但会影响珠海自身的发展,而且也不利于澳门的产业多元化进程,更会影响大湾区西岸的平衡发展。

在对澳门经济总量、产业结构、地理空间、市场规模、人口规模、科技水平等经济指标有客观认识的基础上,我们应对澳门的经济作用做出更合理的预期,不可依赖和过度透支其经济资源。大湾区西岸城市,既不可能承接澳门的博彩产业,也很难从澳门承接高端制造业或高端服务业的产业转移,甚至也不能获得资金、技术、土地、市场等方面的协同效应。如果对以上问题没有清醒的认识,就会让珠海等西岸城市过多地将引进资源的视野囿于澳门,反而忽略了来自香港、深圳、广州乃至全国、全球的资金、技术、产业和市场机会。

在新冠肺炎疫情的冲击下,澳门 GDP 大幅下降,凸显了其以博彩、旅游业为主的经济结构的内在不稳定性。然而，澳门历史上也曾经探索过贸易、加工制造、金融等各种产业，但因地理空间有限、人口总量少，难以承接大产业聚集和资源投入，因此最后才形成了前述比较优势产业。目前这样的产业结构特征，虽然不是依据经济规律的主动选择，但也是多种因素和历史进程共同作用下不得已的选择。这充分说明，未来澳门各项经济和政治目标的实现，单纯依靠自身力量甚至横琴的实验、珠海的支持都是不够的，只有全力促进大湾区西岸城市大发展，举整个大湾区西岸城市之力，才能为澳门带来更多的人流、物流、信息流、资金流，促进澳门经济的适度多元化，更好地探索"一国两制"的成功实践。

大湾区西岸的新交通区位优势

在过去40多年里，珠海等珠江西岸城市不仅处于大湾区的交通末梢，而且在产业承接上也处于大湾区的传播末端，成为大湾区的"失乐园"。在现实中，过去大湾区的产业传播，首先从香港到深圳，然后到东莞、广州、佛山，最后才到珠江西岸的中山、珠海。

如果说在20世纪80年代改革开放初期，珠海、中山等珠江西岸城市寄希望于澳门是别无选择，那么40多年后的今天，珠江西岸的交通条件、区位优势、人文环境和产业基础已今非昔比。

随着1999年京珠高速公路广州至珠海段建成通车，2012年广珠铁路、广珠城际轨道全线投入运营，无论是航空、公路还是铁路，从广州直达珠海、中山都已经非常方便。如今从广州往来中山、珠海，高铁半个小时可达，乘坐城际大巴或自驾车也1小时可达。

与珠江东岸的联系方面，除了虎门大桥连接两岸，2018年港珠澳大桥开通，原计划2024年建成的深中大桥有望提前建成通车，深圳至珠海城际铁路（深珠通道）也已经开始论证规划；正在规划中的中虎龙城际将贯通中山、东莞、深圳（龙岗）三个城市；水上通道方面，深圳机场码头—中山港、深圳机场码头—珠海九洲港等航线渐次开通。

广东省交通规划方面有关负责人曾表示："从规划原则来看，两岸各城市均至少建成一条跨江通道，基本形成公路、铁路、市郊轨道等多方式、全天候的跨江通道体系，实现两岸城市一体化衔接，大湾区主要城市之间形成1小时交通圈。"

在市内建设方面，珠江西岸城市也发生了翻天覆地的变化：珠海市的横琴荒岛变成了新区，原来的滩涂变成了四通八达的开发区和环境优美的住宅小区，被河流和山脉分割的城市也由一座座大桥和隧道连成一体；中山市近年在翠亨新区、岐江新城开发建设上取得突破性进展，欢乐海岸、富元国际金融中心、科技金融新城、湾西智谷、科技新城中轴线等都在布局和建设中；江门市一批大桥、高快速路及江湛铁路通车，接入了全国高速铁路网，大广海湾经济区、银湖湾滨海地区、江门人才岛等重要软硬基础设施相继建成。

珠江西岸的历史性发展机遇不仅来自交通条件和基础设施建设的逐渐完备，更重要的是来自新时期经济发展所需要的新要素比较优势。

大湾区西岸的新要素比较优势

在传统制造业时代，经济地理位置中最重要的是是否临近原材料、能源和劳动力等要素供给地，是否靠近水路或铁路以实现低成本运输，是否靠近产品销售市场。但要素比较优势并不是一成不变的，而是随着经济发展阶段、产业发展进程、要素流动和价格变化不断动态演化的。

根据迈克尔·波特竞争优势理论，生产要素可以分为初级要素和高级要素，珠海、中山、江门、澳门等城市前40年经济发展滞后，主要是在天然资源、非技术工人、资金、地理位置等初级要素方面不具天然优势。然而，当走过了特定发展阶段后，上述初级要素的重要性不断降低，而生活环境、人文环境、创新创业环境、融资便利度、信息与交通便利、研究机构、高等人才等高级要素的重要性日益提高，这就让珠江西岸迎来了新的历史性发展机遇！

港深增长极和广佛增长极的制造业扩散，一度呈现为沿着高速公路扩散到东莞和惠州等地，未来这些增长极的资金、技术、人才等高级生产要素和高端产业的扩散，将主要受生活环境、人文环境、生活成本优势、创新创业环境、内外交通便利等的综合影响，逐步扩散到中山、珠海等珠江西岸城市。就像当年的浦东之于浦西，一侧是广阔的待开发空间，另一侧是高度密集的产业、到处寻找机会的资本、技术和拥挤的人口，一旦交通打通以后，两岸的居住成本、医疗、教育、消费水平、发展空间等"势能差"势必会被填平。

从人口密度来看，中山的人口密度为1895人/平方千米，珠海为

1165人/平方千米，江门仅为487人/平方千米，而深圳的人口密度为6484人/平方千米；从居住成本来看，珠海的商品房价格一般在2万~5万元每平方米，江门仅为11800多元每平方米，中山南朗镇为14000元/平方米，而对岸的深圳南山区房价动辄10万元/平方米甚至20万元/平方米；从医疗条件来看，珠海每千人拥有医师数3.11人，而深圳为3.01人；从教育资源来看，深圳2019年普通高校毕业生人数为2.59万人，而珠海为3.8万人；从消费水平来看，深圳市人均消费支出中用于居住的支出为12609元，珠海为9347元，中山和江门分别只有5111元和4384元……优美的自然环境，相对较低的人口密度，相对较低的居住成本，相对轻松的就业和生活压力，以及良好的文化、教育、医疗条件，使得珠江西岸城市高级要素比较优势越来越明显，并形成持续吸引要素和产业流入的巨大"势能差"。

从发展空间来看，中山市面积为1780多平方千米，与珠海相当，而江门市面积达9500平方千米，发展腹地广阔。这与大开发之初上海浦西、浦东相似，彼时浦西老城区人口密集、街巷狭窄，工厂与居住混杂，腾挪余地很小，但人才、技术、基础设施等各项要素完备，轻重工业基础领先国内其他地区，而浦东却腹地开阔，一旦得到相关政策支持，就迅速成为高级生产要素和新产业聚集之地。

改革开放以来，中国很多地区都享受到了生产要素自由流动的"增长红利"，不论是消除道路不通、海洋阻隔等物理方面的要素流动障碍，还是消除政策、法律等制度障碍，都会因为"势能差"而带来一波又一波的要素和产业流动红利。珠江东岸和西岸，既无制度差异，也无文化差异，因而正在累积的交通便利条件就犹如打开了人才、资金、技术、产业等流动的"堤坝",大坝两边原有的"势能差"势必导致巨大的要素流动和增长红利。

从产业辐射来看,深圳、广州的很多加工装配环节持续向附近城市转移,一些技术含量较高的研发、设计、制造环节也需要在扩散过程中寻找更有效率的组合。从要素溢出来看,不仅人才要素已经开始向周边溢出,而且技术、资金、企业家都需要沿着边际生产力寻求更高的要素回报……随着人员、要素和产业流动带来的"区域趋同",可以想象,20年以后,珠江东岸和珠江西岸就像今日上海的浦西和浦东,除了产业和企业的差异,在经济发展水平、生活水平上必将日益趋近。如何在上述"区域趋同"的过程中,利用好珠江西岸的区位优势,不仅是大湾区内企业面临的重大机遇,也是摆在全国投资者面前的重大投资机遇。

大湾区两岸协调发展的新理念、新战略

按照牛顿第一定律,如果没有外力的干预和影响,事物一定会沿着它既有的惯性发展。事实上大湾区的大部分企业家和老百姓仍然更看好香港、深圳、东莞,而对西岸城市的未来表示漠然、怀疑、信心不足。长此以往,大湾区"跛脚"的畸形状态不仅难以改变,还会更加严重,最终影响大湾区增长极的健康协调发展。

消除粤港澳大湾区发展严重失衡的"跛脚"现象,提升大湾区增长极对中国经济发展和改革开放的作用,需要新理念、新战略。首先,对于西岸城市而言,应该在客观认识澳门作用的前提下,根据新的交通区位优势、新要素比较优势，尽快实施战略转向：北向扎根，东向借力，南向支持。

40 年风水轮流转，倾 40 年之力形成了新的交通区位优势，40 年的等待和积累，拥有了高级生产要素优势：大湾区西岸产业协同方向、资金、技术、人才等要素来源并不在南向的澳门，而在深圳—香港、广州—佛山两个增长极。如果依然将眼光囿于南向，就可能再次错过战略调整的窗口期。

从西岸城市的区位和产业优势来看，中山的翠亨新区和珠海的唐家湾，既拥有一桥直通深圳的便利交通，又有人才和发展新产业的优势，都是对接深圳—香港增长极或广州—佛山增长极的重点高新技术开发区，应该给予重点支持。

大湾区西岸城市只有"北向扎根，东向借力"，才能更好地南向支持澳门的经济适度多元化，为"一国两制"实践探索做出更大的贡献。

其次，产业错位发展，避免与东岸、北岸竞争，打造大湾区西岸特色软产业群。

实事求是地说，大湾区西岸城市不仅在制造业供应链的完备程度上不及东岸的深圳、东莞或北岸的广州、佛山，在集成电路、新材料、新能源等新产业集群方面，与上海、北京、合肥、南京、成都等地相比也已经失去先机，因此该地区在产业选择上既不应当继续邯郸学步，模仿广州、佛山、深圳、东莞的优势产业，也不应当再复制其他城市规划中通用的"产业模板"。相反，西岸不但要刻意避免与东岸、北岸城市形成竞争，而且还应该主动错位发展，支持北岸、东岸的优势产业，并与其形成互补关系，共同构成大湾区完整的产业生态群。

按照这样的原则选择的产业，仍然可以找到若干千亿级的产业集群，并助力大湾区形成万亿级消费中心和全球要素的强大引力场。

比如，以通用航空产业、智能驾驶、无人机、无人船等为代表的新产业，可以为东岸、北岸的新产业提供广阔的应用场景，孕育着万亿级的市场机会；以智能制造、软件开发为特色的软产业集群，不但与东岸、北岸的高端制造业形成互补，而且也有数千亿产值的规模；以生物医药、健康养老、教育培训等为代表的软产业，不但有广阔的市场前景，还可以弥补大湾区的产业短板，更好地支持北岸、东岸增长极的发展；以珠海情侣路、长隆国际海洋度假区、百岛旅游资源为特色的旅游和会展产业，不但不与大湾区其他城市形成竞争，而且与澳门等地互补，有利于大湾区打造形成万亿级的消费中心，助力大湾区形成全球要素的强大引力场。

对外开放新高地：下一个浦东？

如果说，以珠海为代表的珠江西岸城市过去40年发展滞缓是因为处于风头水尾的交通末梢和产业末梢，那么当港珠澳大桥直通香港、高铁高速公路直通广州、深中大桥和深珠城际铁路（规划中）直通深圳之后，粤港澳大湾区的珠江西岸有没有可能成为21世纪的新浦东？如果能依托大湾区的新区位优势、新要素比较优势、产业聚集和扩散优势，如果能够进一步扩大横琴粤澳合作区实验成果，比照浦东开发，设立"大湾区西岸经济新区"，则一定能促进大湾区的平衡发展，提升大湾区增长极的动能，助力中国更高水平对外开放。

邓小平1991年视察上海时曾经说过："开发浦东，这个影响就大了，不只是浦东的问题，是关系上海发展的问题，是利用上海这个基地发展长江三角洲和整个长江流域的问题。"历史证明，浦东开发的实际意义远远超过了上海和长江流域。在20世纪90年代初期特定的国际国内环境下，"浦东开发"这一战略举措，向全国人民发出了坚定不移深化改革和扩大对外开放的强烈信号，加快了整个中国改革开放的实践步伐，浦东开发所带来的影响是全球性的，具有划时代的历史意义。

今天的大湾区西岸，无论从新地理区位优势、新要素比较优势、周边的产业集群，还是与东岸、北岸的差距来看，都像极了20世纪90年代的浦东。在当前逆全球化和贸易保护主义抬头的国际背景下，中国急需一个像20世纪90年代浦东开发那样的战略行动来探索更高水平对外开放。

在横琴粤澳深度合作区的改革探索中，不论是建立与国际高标准投资和贸易规则相适应的高水平开放规则体系，高效便捷的要素跨境流动制度，与澳门相接对标的营商环境体系，重大规划、重大政策、重大项目的自主决策权，项目、产业、人才引进的合作机制，还是借鉴澳门税制简单、税率低的优势，克服关税壁垒和税率差异等障碍，提升市场互联互通水平等，如果最终仅止步于30多平方千米的横琴岛内，那这些探索恐怕难以达到做"大文章"的要求。

如果把新时期横琴粤澳深度合作区对外开放的设想和探索，扩大到整个珠江西岸经济区，那必将有利于珠江西岸更好地承接来自东岸增长极、北岸增长极的产业辐射和要素溢出，而且一旦这些产业辐射和要素转移在珠江西岸形成产业协同的外部性或"乘数效应"，必将产生新的技术成果、新的产业集群和市场聚集效应，进而对整个大湾区的区域平衡和产业协调发展起到重要而积极的作用，不但将促成珠江西岸经济区的经济大发展，还可以探索成为"高水平对外开放的试验田和新高地"。

新时期探索高水平对外开放，试验田的地理空间要足够大，实际影响的市场要足够大，形成的产业集群要足够大，政治影响和国际影响要足够大。珠江西岸经济区的腾飞，不但能改善澳门的经济发展、社会繁荣，提高其国际影响力，彰显"一国两制"的制度优势，还能像当年的浦东开发一样，极大地带动大湾区的经济和社会发展，形成全球瞩目的 21 世纪新增长极。

第七章　中国特色的共同富裕之路

美国过去 30 多年的不平衡增长，是其社会分化和分裂的经济根源；中国过去 40 多年的经济增长，各地区、各行各业、各阶层都是受益者，因而具有更大的普惠性。为了避免像美国过去 30 多年那样的不平衡增长所带来的社会分化和分裂，必须科学地探索中国特色的共同富裕之路。

效率和公平的稳定产权基础

无论是经济增长的效率，还是财富分配的公平，都与一个国家的产权制度和产权文化密切相关。

长子继承制与诸子平分制的影响

为什么欧洲最终走向通过外延式扩张攫取财富，而中国历史总是脱离不了朝代更替内部重新分配土地的怪圈？

时间转回到中世纪的欧洲，一位病床前的老贵族正面临死后遗产分配的问题，他的选择是将自己全部的领地和大部分财产传给长子。与此同时，在万里之外的中国乡村，一位中国老父亲也在考虑同样的问题，面对膝下的满堂儿孙，家里的几亩田地应该怎么分配？最后，他选择了一视同仁，将不多的土地均分给了所有儿子。

是什么样的原因造成了上述两个家族截然不同的遗产继承选择？问题的答案在于东西方不同的文化演绎出"诸子平分制"和"长子继承制"这两种截然不同的遗产继承制度。

中世纪的欧洲封建继承制度确立了这样一项原则：封建君主、贵族、官僚、地主的等级、特权和主要财产（如土地等不动产）由嫡长子继承，这一安排部分源于西欧封建制度下封地不能分割的特点，否则就会使封地所承担的相应权利义务落空，可以说个人所拥有的土地财产与其社会地位、权利义务直接挂钩，土地的均分必然导致权利的稀释和社会地位的下降。

与西方封建社会更注重财产的完整性形成鲜明对比，中国农业社会在遗产传承上更重视亲缘关系。设想一个中国地主拥有一千亩土地和五个儿子，他去世后把土地分成五份，每个儿子二百亩，原来一千亩的产权不复存在。

不同的遗产继承制度催生出东西方迥异的产权文化。西欧国家土地终极产权属于封建领主，而稳定的代际独子继承强化了私人产权的不可侵犯性。反观中国，几千年来似乎就没有真正意义上的私有财产权，"普天之下莫非王土"，无论地主还是农户，所拥有的只不过是土地的使用权，如果"天子"认为必要，可以征用、剥夺或重新分配任何人拥有的土地，诸子平分制更是把这种土地产权变化变成了一种日常的、时刻发生的事情，因此无论战争年代还是和平年代，欧洲的私有产权都相对稳定，而中国的私有产权却被不断重新分割。

产权文化和分配制度上的差异使东西方社会走上了两条不同的财富积累与扩张之路，这主要体现在 1500 年前后耕地资源相对于人口出现普遍稀缺的阶段的社会选择方式方面。经济学家陈平认为："中世纪欧洲实行长子继承制，日本实行长男继承制，大量没有继承到财产的人口被迫寻找新的财富拓展手段，不仅促成十字军东征、探索新大陆，而且将人类的财富来源从土壤和地球生物拓展到无机世界。英国实行长子继承制，所以牧场、庄园很大。《拿破仑法典》规定遗产均分，法国小农经济遗留至今。"

当时西欧的大批骑士渴望奔向东方去劫掠财物和夺取土地。西欧的城市，如威尼斯、热那亚、比萨等城市的商人，一直企图从阿拉伯人和拜占庭人手中夺取地中海东部地区的贸易港口和市场，所以也热切支持十字军东征。加之欧洲当时荒年不断，从现实世界看不到任何希望的广大农民也渴望到东方去冒险，从此欧洲大陆走上了一条"世界主义"的道路。对外贸易、掠夺乃至殖民成为"长子继承制"下的必然选择，这无疑推动了西方国家外向型的财富扩张进程。

面对土地产权的硬约束，在对外扩张攫取新生存空间之外，西方国家同样重视通过技术革新，寻求资源的更有效利用，并最终催生了工业革命。

反观中国的诸子平分继承制，本身缺少拓展新的财富空间的动力，所以农业和农村社会至今没有根本的变化。这与《拿破仑法典》之后的法国非常类似，与工业革命时代的英国比起来，同期法国农业部门进步缓慢、农民被束缚在土地上、缺乏重大革新因素。

随着人口的增加和资源的相对减少，中国倾向于通过资源的不断细分和重新分配来缓解人口与资源的矛盾。而历经上千年的代际传承，后代所能占有的土地资源细分到仅能勉强维持生存的程度，土地耕种很难形成规模效应，土地的财富创造能力也遭受到了严重的破坏。

20世纪70年代后期,"地少人多"的困境更使计划生育政策应运而生,虽然短期缓解了"人口资源陷阱"的矛盾,长期却为中国经济2010年以后的增长潜力埋下了隐患。

显然,产权制度和产权文化决定了中西方面临"人口资源陷阱"时的截然相反的思维方式和解法。面对产权硬约束,西方国家首先选择积极对外扩张,以攫取资源扩展本国生存空间,其次通过科技创新提高现有资源的利用效率;而中国人面对产权软约束,则选择将资源不断细分降低生活水平,甚至用"少生孩子"来缓解人口与资源的矛盾。

产权改革的陷阱

由于传统文化观念中缺少对既定产权的尊重,所以无论某个历史阶段如何进行产权改革,后人仍然可以肆意重新划分,结果无休止的产权改革最终必然影响财富的创造,也曾经让中国多次陷入"产权改革陷阱"。

很多西方国家即使发生战争,也不肆意重新分配土地。美国南北战争以南方战败而告终,然而战败的南方种植园主只是被迫解放奴隶,并没有人重新分配他们的财产。《飘》(*Gone with the Wind*)中的女主角斯嘉丽在南方战败后回到故土,发现那里的种植园产权还是她的。

而中国几乎任何一次农民战争和政治变革都会直接导致对既定

财产的重新分配。有时候短短的几十年内,产权结构就经历了多次反复变革。

产权关系的不成熟导致了中国近代产权改革的多次反复,并深陷"产权改革陷阱",其影响包括:强化了传统文化中对既定产权的不尊重因素;造成了近代中国产权关系长期处于不稳定状态至今;虽然某一次的产权改革可能适应了当时情况,促进了生产力的发展,但若对几十年不断变来变去的产权改革做个整体评价的话,它无疑是生产力平稳发展的障碍。

总之,追求经济增长的效率或公平,最好在尊重既有产权的前提下,通过市场化的交易手段来完成,尽量避免用行政权力划分产权。

保护企业家精神，走中国特色共同富裕之路

中国改革开放 40 多年的伟大历程，为全国人民实现共同富裕奠定了良好的基础，因此应继续坚持改革开放以来的普惠式增长模式。企业家创业和带领企业成长的过程，就是带领企业股东、员工、客户和利益相关者走向共同富裕的过程，因此实现共同富裕必须保护和更加重视企业家精神。为了不影响"做蛋糕"的积极性，最好把"分蛋糕"的原则和方法在"做蛋糕"之前就予以明确，坚持"两个毫不动摇"。作为后发的和平崛起的市场经济国家，中国追求共同富裕的道路不可能复制发达国家的旧路，而是要旗帜鲜明地反对不劳而获、盲目仇富的思想，坚决不走共同贫困的老路，多渠道培育和壮大中等收入群体。

实现共同富裕，应坚持改革开放以来的普惠式增长模式

改革开放 40 多年，中国经济从 1978 年占全球 GDP 的 1.73%，发展到 2020 年占全球 GDP 的 17.4%，各行各业、各地区、各阶层的

生活水平都有了巨大的改善，可以说，中国改革开放40多年的历程是全人类历史上最伟大的共同富裕探索，为实现全国人民共同富裕奠定了良好的基础，其发展的普惠性程度是世所罕见的。

首先，从城乡发展的角度来看，虽然阶段性发展节奏不同步，但是40多年来无论是城镇还是农村居民，收入和生活水平都大幅提高。据国家统计局数据，1978年，中国城镇居民人均可支配收入仅有343.4元，2020年已达到43833.76元，农村居民可支配收入也从133.6元增加到17131.47元，均增长了约127倍。无论是城镇还是农村居民，生活水平都有了天翻地覆的变化。1978年，中国的城镇化率是17.92%，到2020年已达到63.89%，7亿多人口实现了城镇化。2020年全国实现了全面脱贫，全面建成了小康社会。

其次，从区域来看，虽然有东西和南北发展的不平衡，但是全国各地区都获得了长足的发展。东部、中部、西部、东北地区的居民收入也都在工业化的带动下持续增长。例如，地处东南沿海地区的广东省，在1978年到2017年的整整40年中，地区生产总值按可比价格计算增长了101倍，城镇居民家庭人均可支配收入增加了99倍，农村居民人均收入增长了80倍；同期，作为老工业地区代表的辽宁省，地区生产总值增长了30.3倍，城镇居民和农村居民人均可支配收入分别增长了95倍和73倍；西藏自治区生产总值40年来实际增长了48.3倍，城镇居民人均可支配收入增长了52.3倍，农村居民收入增长了58.4倍。[①] 由于地理位置、资源和要素禀赋的不同，

---

① 国家统计局及相关省份统计局数据。

各地区经济增长不可能保持同步，但是总体来看，过去40多年中国各地区的经济都获得了长足的发展，人民生活水平都有了大幅度提高。

最后，从产业来看，各行各业都是改革开放和经济发展的受益者。1978年国内工业增加值仅有1622亿元，2020年达到31.3万亿元，连续11年居世界第一，成为全球最大的制造业国家。1978—2020年，中国服务业增加值从905亿元增长到553977亿元，占GDP的比重从24.6%上升至54.5%；对国民经济增长的贡献率从28.4%上升至接近60%。不仅信息产业、金融业等人群收入增长迅速，快递小哥、外卖骑手、电商客服等普通人群也享受了持续的收入增长机会。国家统计局数据显示，2009—2020年，城镇私营单位制造业员工收入增长了2.36倍，传统服务业员工（以餐饮住宿为代表）收入增长了1.70倍，而新经济产业（以信息传输、软件和信息服务业为代表）员工收入增长了2.59倍。

中国改革开放以来的普惠式增长模式，与美国1990年以来严重不平衡增长模式形成鲜明对比。从行业来看，美国很多传统产业逐渐萎缩，工作岗位成批消失，加剧了收入分化的严重程度。从地区分布来看，美国过去30多年的增长主要是加州、大波士顿、纽约、新泽西等地区引领的增长，很多中西部地区经济止步不前。正因为过去这些年美国的经济增长主要是少数新经济产业、少数地区、少数人口主导的增长，让大量人口成为增长的旁观者，才使美国的中产阶级占比从高峰时的70%下降到如今的50%。美联储报告也显示，1989—2018年，美国最底层50%的家庭财富净增长基本为零，在家庭财富总额中所占的比例从 4% 降至 1%。

特朗普敏锐地发现了过去 30 多年美国经济增长的不平衡，并且利用这种不平衡，一次次地展现和撕裂社会伤口而捞取选票，但是却没有找到改变这种不平衡、缺乏普惠性增长模式的有效方法，反而因为利用了社会分化，而造成了更严重的社会分裂。值得深思的是，如何避免像特朗普那样，在缺乏系统解决方案的情况下，任由一些偏激舆论盲目煽动仇富心理、夸大社会矛盾、人为撕裂社会？如果说特朗普在缺乏系统性解决方案的前提下扩大社会矛盾是为了捞取选票，那我们则必须继续坚持改革开放以来的普惠式增长模式，正确引导社会舆论，保持社会和谐发展，才能引领中国人民真正实现共同富裕。

实现共同富裕必须保护和更加重视企业家精神

在改革开放中崛起的一代代民营企业，不仅为消费者提供了 60% 以上的产品或服务，为劳动者创造了 80% 的就业机会，与 80% 的家庭能否实现共同富裕息息相关，还通过纳税提供了社会运转、基础设施投资、社会保障所需的 50% 以上的资金。只有鼓励越来越多的企业家创业，创造更多的就业岗位和更多的社会财富，老百姓才有实现共同富裕的机会，社会才有实现共同富裕的基础。

每一个企业家创业成功和带领企业发展壮大的过程，都是带领股东、员工、客户和其他利益相关者实现共同富裕的过程；相反，很多民营企业一旦走向衰败，或决定不再继续壮大企业，大批员工必将失去共同富裕的机会。

在"让一部分人先富起来"的政策指引下，改革开放以来的确有很多民营企业家积累了数目可观的个人财富。从最初的农村跑运输、搞多种经营，城市里开个体饭馆、贩运服装而涌现出来万元户，到乡镇企业发展产生的"百万富翁"，再到快速工业化和城市化的过程中托起的首富群体，再到新经济巨头和独角兽的创富效应产生的千亿级别身家的企业家阶层，这些在改革开放大潮中按照党的方针政策先富起来的中国民营企业家，与某些极端舆论中所提及的旧时期的带有贬义的资本家有本质的不同。

首先，中国新时期的民营企业家作为出资人，其创业资本主要是自行筹集，不同于旧时期通过"血腥"的原始积累获取资本的资本家。在资本主义早期阶段，无论是英国的圈地运动、美洲的黑奴贸易，还是列强对中国的掠夺，资本的积累的确摆脱不了"血腥"的色彩；而在中国 40 多年改革开放的过程中，中国民营企业的资本积累是靠节衣缩食、压缩消费积攒起来的，还有很多企业家创业时，靠的是亲朋好友凑钱支持，能够从银行获得贷款支持的，则往往是抵押了自己的资产进行创业。当然，的确有少数侵吞国有资产发财的，或通过官商勾结掠夺国家资源的，以及通过垄断地位获取超额收益的，但这并不是中国民营企业的主流。

其次，中国民营企业家的财富除了出资报酬，还有很大一部分是风险报酬。民营企业创业失败的概率很高，成功了可以为社会做贡献，失败了则自生自灭。民营企业家都是九生一死，在最困难的时候高管、员工都可以辞职，而创业的企业家必须坚持到最后。社会往往只看到那些成功者的"鲜花着锦",却忽视了大量失败者的"血本无归"。即便是创业成功以后,民营企业也是很脆弱的,近几年在经济转型的大背景下,民营企业因为各种原因陷于困境,创始人控股权易主,甚至陷于破产境地的,屡见不鲜。

再次,中国民营企业家的财富积累,还有一部分是作为管理者和劳动者的报酬。中国民营企业家的勤奋,在全球范围内是首屈一指的,很多企业家不仅创业时没日没夜地工作,创业成功以后仍然把工作当生活,其积累的很大一部分财富,也是作为企业管理者和劳动者的报酬。

除了出资人的资本报酬、风险承担者的风险报酬、企业管理者的劳动报酬之外,中国民营企业家过去40多年不断进行产品创新、管理创新和商业模式创新,大部分中国民营企业的超额利润都是来自创新,是市场对创新者的奖励。根据国家工信部公布的数据,中国民营企业贡献了70%以上的技术成果创新,未来仍将在高质量发展中发挥重要作用。

最后,中国民营企业家在创业成功、实现了财富自由的那一刻起,他们所有的经营活动,主观上可能仍然是为自己,但客观上已经是主要为社会工作了。不管这些民营企业家名义上拥有多少财富,其自身和家庭消费也是有限的,因而这些财富的主要功能不再是满足这些企业家的个人消费欲望,而是为社会提供产品和服务,并解决就业、贡献税收;一旦民营企业规模变大,超出了其直接管理和支配的范围,民营企业的管理和支配权也就从企业所有者转移到一层层的职业经理人,与国有企业别无二致;除了民营企业财富的当下社会功能，从生不带来死不带走的意义上讲，所有超出其本人消费和支配能力的财富，归根到底都是社会的财富。

虽然资本仍然是汇聚其他要素、形成生产力的关键生产要素，但是在金融市场高度发达的今天，资本已可以按照市场化的方法从风险投资者、资本市场、商业银行获取——那些真正掌握资本的金融机构并不一定是创办企业的民营企业家。而综合了出资人、风险承担人、管理者和劳动者、创新者等多重角色的新时期民营企业家，已成为提供产品和服务、创造就业、推动技术成果创新、推动经济高质量发展的重要力量，舆论不应再沿用资本家这种旧时期的带有贬义的称呼打击民营企业家创业和发展企业的积极性。

让"分蛋糕"不影响"做蛋糕"的积极性

中央多次强调，新时期的共同富裕首先要通过共同奋斗把"蛋糕"做大，然后通过合理的制度安排把"蛋糕"切好分好。笔者认为，所谓做大"蛋糕"，关键就是要继续坚持中国改革开放40多年的普惠性发展道路，重视民营企业在实现共同富裕过程中的重要作用；而要分好"蛋糕"，关键是确保不伤害"做蛋糕"的积极性。如果"分蛋糕"的方法不伤害"做蛋糕"的积极性，那就是共同富裕；如果"分蛋糕"的方法伤害了"做蛋糕"的积极性，共同富裕之路就难以实现；如果"分蛋糕"的方法严重伤害了"做蛋糕"的积极性，那就会走向共同贫困。

党和国家领导人多次强调："非公有制经济在我国经济社会发展

中的地位和作用没有变！我们毫不动摇鼓励、支持、引导非公有制经济发展的方针政策没有变！我们致力于为非公有制经济发展营造良好环境和提供更多机会的方针政策没有变！我国基本经济制度写入了宪法、党章，这是不会变的，也是不能变的。任何否定、怀疑、动摇我国基本经济制度的言行都不符合党和国家方针政策，都不要听、不要信！所有民营企业和民营企业家完全可以吃下'定心丸'、安心谋发展！"

虽然最高决策层不断重申对民营企业的政策没有变，以后也不会变，一再释放信号明确说共同富裕不是"均贫富"，但是很多民营企业家还是没有吃下"定心丸"。要想真正让民营企业家吃下"定心丸"，就必须在"做蛋糕"之前就把一次分配、二次分配、三次分配的原则和方法，通过宪法和法律的形式予以明确。

首先，必须深化要素市场化改革，进一步提高一次分配的公平性。通过生产要素参与财富创造并取得合理的要素报酬，是通过一次分配实现共同富裕的主要方式。要做到"分蛋糕"不影响"做蛋糕"的积极性，在一次分配中，要遵循按劳分配为主体，多种分配方式并存的原则，让劳动、知识、资本、管理、技术、土地等每种要素的提供者都能按照其实际贡献获得合理的要素报酬。改革开放40多年来所逐步建立起来的产权市场、土地、劳动、资本、技术等生产要素市场，是确保一次分配环节相对公平的基础。但前些年也出现了土地、金融等部门通过垄断地位来获得不合理"超额要素报酬"的情况，因而要继续深化要素市场化改革，减少土地和金融等部门的"超额要素报酬"，确保让劳动者、管理者、技术人员按照其实际贡献获得合理的要素收入。过去几十年来，在一次分配领域的改革，本身就是公开、透明、市场化、法治化的改革，只要讲清楚，就不会影响民营企业"做蛋糕"的积极性。

其次，深化财税体制改革，建立健全社会保障机制，提高二次分配的公平性。改革开放以来，我们不断深化财税体制改革，不但为社会运转、基本建设提供了巨大的社会资金，同时也基本建立了覆盖城乡的社会保障体制。但是在住房、医疗、教育等领域，的确还存在着不公平的现象，下一步围绕中央和地方的财政收入分配、企业所得税和个人所得税的改革、房地产税和遗产税等试点、进一步深化教育和医疗体制改革、增加城市保障房和公租房供给等二次分配领域的改革，都是实现共同富裕的重要途径。所有这些领域的改革，都应该是公开、透明、市场化、法治化的，不会影响"做蛋糕"的积极性。

最后，鼓励三次分配，政府的主要任务是推动、引导建立起相关的社会捐赠组织，形成成熟的、多层次的社会捐赠机制，并且强调宪法早已明确的居民财产权利，确保社会捐赠都是基于自觉和自愿的原则。只要我们把上述原则都明确了，机制、机构都建立健全了，以社会捐赠为主的三次分配必然会越来越壮大，这不仅是社会发展的必然规律，也是人性的规律。只要不拔苗助长，三次分配不但不会伤害民营企业家"做蛋糕"的积极性，反而会极大地增强他们"做蛋糕"的荣誉感，进一步激发他们"做蛋糕"的积极性。

总之，只要把一次分配、二次分配、三次分配的原则都在"做蛋糕"之前予以明确，按照宪法的明确规定，强调保护居民财产权利，不伤害民营企业家"做蛋糕"的积极性，就一定能够实现共同富裕。

走中国特色的共同富裕道路

中国作为后发的和平崛起的市场经济国家，不但过去 40 多年的发展道路与早期资本主义国家追求富裕的道路截然不同，而且未来追求共同富裕的道路也只能是中国特色的共同富裕之路。

首先，共同富裕追求普惠而非平均，追求共富而非共贫。应旗帜鲜明地反对不劳而获、盲目仇富的思想，坚决不走共同贫困的老路。邓小平指出："我们坚持走社会主义道路，根本目标是实现共同富裕，然而平均发展是不可能的。过去搞平均主义，吃'大锅饭'，实际上是共同落后，共同贫穷，我们是吃了这个亏的。"中国过去 40 多年的共同富裕之路，虽然难免出现了贫富差距扩大、阶层固化、要素占有不公平等现象，但是并没有出现早期资本主义社会遍地的城市贫民窟等严重的社会分化现象，而且从很大程度上实现了各行各业、各阶层、各地区都受益的普惠式增长，所以今后应继续追求普惠而非平均，追求共富而非共贫。

其次，要结合新时期经济高质量发展的特点，多重渠道培育和壮大中国的中等收入群体。改革开放 40 多年的发展历程，把中国城市和乡村的居民都变成了有产者，除了劳动所得，农民有土地流转和种粮补贴所得，城市居民很多有房屋出租所得，个体工商户有经营所得，有车、有其他生产和运输工具者也有经营所得，知识、艺术、信息产业的从业者有知识产权所得、创作所得，全国储蓄者都有储蓄利息所得，近 2 亿的股票和基金持有人都有资本市场投资所得……劳动致富永远是中华民族的优秀传统，而重视居民财产性收入，通过多种方式培育和壮大中等收入群体，必然将使新时期通向共同富裕的道路越来越宽广。

最后，未来中国的共同富裕之路注定无法复制欧美等发达国家的模式。在英国、美国、日本等国家经济增长的起飞阶段，都存在严重的资源掠夺、贫富分化和社会问题。例如，维多利亚时代英国的经济崛起，很大程度上是建立在对印度等殖民地的财富掠夺基础上的，即便如此，彼时的英国国内也存在严重的贫富分化；日本在明治维新之后通过对中国、朝鲜的侵略，加速了国内的工业化进程，国力不断增强的同时下层人民的生活却基本没有改善甚至更加艰难，20 世纪 20 年代日本基尼系数一度达到 0.6 的超高水平，贫富差距已到了危及社会安定的地步；而在美国经济崛起的过程中，也离不开美元霸权和对全球资源的控制。"二战"以后，在欧洲、美国、日本等发达国家都出现过一段中产阶级迅速发展壮大的时期，并阶段性地出现了以中产阶级为主体的"橄榄型"社会。发达国家这样的阶段性"共同富裕"是以广大发展中国家，尤其是亚洲、南美洲等国家为廉价原材料和劳动力的来源以及商品倾销市场为代价的。而中国的共同富裕道路，不但不会用殖民政策和全球霸权做保障，没有掠取任何其他发展中国家的廉价资源、原材料并高价出售商品，而是恰恰相反：在中国的工业化和融入全球化的过程中，凡是中国从国外进口的资源和原材料都不停涨价，凡是中国出口的制成品，都不断跌价。中国后发的共同富裕道路不但惠及全体中国人，而且注定要惠及全球。

总之，新时期的中国特色共同富裕之路，是后发的和平发展道路，必须在普遍地提升本国人民生活水平的同时，为全球创造巨大财富。为此，我们必须坚持改革开放以来的普惠式增长模式，必须保持中国民营企业家的创业和发展积极性，无论是一次分配、二次分配还是三次分配，"分蛋糕"不能伤害"做蛋糕"的积极性，要坚持"两个毫不动摇"，在保护企业家精神和居民财产权利的前提下，鼓励继续做大"蛋糕"，并通过社会组织的发育和社会捐赠机制的建立健全，水到渠成地引导自愿的社会捐赠，最终实现共同富裕。

如何扩大中等收入群体

中国经济的长期可持续发展离不开繁荣的国内市场，而国内市场的繁荣则有赖于收入分配改革的不断推进和中等收入群体的持续扩大。习近平总书记也高度重视扩大中等收入群体的问题，并提出了六个"必须"：必须坚持有质量有效益的发展，保持宏观经济稳定，为人民群众生活改善打下更为雄厚的基础；必须弘扬勤劳致富精神，激励人们通过劳动创造美好生活；必须完善收入分配制度，坚持按劳分配为主体、多种分配方式并存的制度，把按劳分配和按生产要素分配结合起来，处理好政府、企业、居民三者分配关系；必须强化人力资本，加大人力资本投入力度，着力把教育质量搞上去，建设现代职业教育体系；必须发挥好企业家作用，帮助企业解决困难、化解困惑，保障各种要素投入获得回报；必须加强产权保护，健全现代产权制度，加强对国有资产所有权、经营权、企业法人财产权保护，加强对非公有制经济产权保护，加强知识产权保护，增强人民群众财产安全感。

新供给经济学认为，只有按照要素贡献和边际报酬进行分配，才是真正公平的分配制度；针对目前中国收入分配领域的扭曲现象，只有深入推进供给侧结构性改革，提高要素占有的公平性，建立完善的要素市场，扩大中等收入群体，才能真正扩大内需，保证中国经济可持续增长。

扩大中等收入群体与经济转型

如果一个国家中等收入群体占的比重最大，那么社会将呈现出两头小、中间大的橄榄型的收入分配格局；如果中等收入群体占的比重较小，而高收入群体和低收入群体占的比重较大，则分配格局将呈现为两头大、中间小的哑铃型；如果高收入群体、中等收入群体和低收入群体的规模依次增大，则社会的分配格局将呈现为金字塔型。中等收入群体占人口的60%~70%时，形成橄榄型的收入分配格局，对于经济发展、社会稳定和国民福利的提高都是最有利的。

扩大中等收入群体，有利于推动中国经济转型升级，有利于刺激消费扩大内需、畅通国际国内双循环，也有利于实现中国经济的可持续增长。中国经济目前面临着由过去主要依赖外部市场向依靠内需转变的任务。如果中国呈现出哑铃型或者金字塔型的收入分配格局，那对于培育持续稳定增长的国内市场是不利的。高收入群体边际消费倾向普遍较低，也就是说由于其生活条件普遍较好，在每个单位的新增收入中，用于消费的部分一般较低，对于整体经济的拉动有限；而低收入群体的边际消费倾向尽管较高，但是整体收入水平限制了其消费能力，而且其消费结构一般集中于生活必需品，对于整体经济的升级换代也缺乏带动力。同时，哑铃型或金字塔型的收入分配格局，也不利于社会的稳定和发展。在哑铃型的分配格局下，贫富分化加剧，社会矛盾容易向激化的方向发展；而金字塔型的收入分配格局容易导致阶层固化，社会缺少流动性，往往陷入僵化停滞的局面。

中等收入群体的收入水平相对较高，保证了其稳定的支付能力；同时中等收入群体表现出较高的边际消费倾向，扩大中等收入群体，可以刺激消费、扩大内需，促进经济向消费型增长转变。同时，中等收入群体的消费结构更倾向于新型消费品，他们对于新技术、新产品、新业态的接受能力普遍较高，更有利于配合中国经济向高端内生性经济转型升级。中等收入群体占据多数的橄榄型分配格局，也最有利于社会稳定和经济持续增长。在这样的格局下，低收入群体通过一定的奋斗，有可能上升至中等收入群体，中等收入群体也可以通过努力，进入高收入群体，阶层之间有着良好的流动性。

因此，不断扩大中等收入群体，推动社会向橄榄型收入分配格局转变，既有利于经济发展和转型升级，又有利于社会稳定和经济可持续增长，因此也是提高国民福利的必然要求。

中等收入群体成长的制约因素

作为全球第二大经济体，中国中等收入群体在不断扩大和发展。但是从整体来看，即使按照较低的标准，中国的中等收入群体所占比重也仅有 30% 左右。而在 20 世纪 80 年代的一些社会调查中，美国就有66.7%的居民认为自己属于中产阶级，在瑞典这一比例是75.0%，在中国台湾是57.7%，而在总人口不足1.3亿人的日本，长期以来有"一亿中流"的说法，即一亿人都自认属于中产阶级。由此可见，中国中等收入群体的发展明显滞后，扩大中等收入群体的任务非常急迫。

房价上涨过快、财政收入在国民收入中占比过高、要素占有公平性较差、行政权力参与财富分配等原因，是抑制中等收入群体成长和快速壮大的主要原因。

在中国大中城市中，房价上涨过快成为抑制新生中等收入群体扩大的重要原因。从发达国家的经验来看，大学以上学历的年轻人是新生中产阶级的主要后备力量。他们在毕业后凭借自己的学识和能力，很快在大城市获得稳定工作，进入白领阶层，或者成为专业人士、企业管理者，他们的收入能够保障其在大城市的衣食住行，同时还有余力进行教育、培训等人力资本投资，中产阶级群体由此得以不断扩大。但是21世纪以来，远远高于收入涨幅的房价增速，使居住成本占据了年轻人收入的相当大部分，挤占了本应用于改善生活和提供发展的其他支出。

房价上涨过快，也是分配机制扭曲的重要表现。其本质一方面是人为制造的土地要素稀缺，导致能够获取土地资源的房地产开发商等获取了过高的回报；另一方面是住宅的投资品属性被过度放大，扭曲了其消费属性，掌握资金要素的部分群体可以利用其资金优势和金融杠杆扩大财产性收入，进一步挤压了普通居民的可支配收入。完善收入分配制度，就必须改变土地要素、资金要素在分配中占据过高份额的局面。一方面恢复住宅的消费品属性，降低投资性、投机性买房需求，尽快遏制房价过快上涨的势头；另一方面通过"优化供给结构、提高供给效率"为核心的房价管控政策，将房地产库存转化为有效供给，满足居民的刚性需求，改变土地要素收入挤占劳动、技术、管理应得份额的状况。

财政收入占比过大、增长过快也是抑制中等收入群体增长的原因之一。数据显示，2014年中国的宏观税负为37%，高于发达国家水平，2019年中国社保缴费率略有降低；而且与发达国家的高税收高福利不同，中国在低福利水平征收高税负，对居民收入的影响更大。从增速来看，财政收入增速一直高于国民收入增速，而直接影响企业和居民所得的所得税增速一直高于整体财政收入增速。

企业所得税主要影响企业的税后利润，并直接影响到企业主的红利收入。调查显示，目前小微企业、中小企业的税负普遍偏重，从纳税额占营业收入的比重来看，个体工商户和小微企业承担的比重甚至超过了上市公司。个人所得税尽管在政府整体税收中所占的比重不高，但是它却广泛影响到工薪收入群体。在西方发达国家，工薪阶层的人数占比将近50%，但只承担了个税的5%，而10%的高收入者承担了60%，1%的最高收入者承担了30%。2014年，中国的工薪所得税在个人所得税中的比重已经占到65%，有人认为个人所得税实际上已经成为"工薪税"，这种情况在2018年、2019年个税改革后才稍有扭转。过重的税负不仅减少了企业和居民的当期收入，而且长期影响劳动者、技术人员、管理者的可支配收入，不利于经济发展和中等收入群体的扩大。因此，减税的总体指导思想要有利于鼓励劳动、技术、管理等要素所有者获得更合理的要素回报，有利于扩大中等收入群体。

如何推动每年新增 2000 万中等收入者

激发消费潜力、扩大内需，从中长期来看，一个重要着力点是深化收入分配改革、提高居民收入，重点是把更多的低收入者变为中等收入者，至少每年新增 2000 万中等收入者。

对于中等收入群体的标准，国际上比较通用的是世界银行向发展中国家推荐的标准，即成年人每天收入在 10~100 美元。如果按 2019 年美元平均汇率折算成人民币，则年收 2.5 万~25 万元人民币，月收入 2100 元人民币就算中等收入群体。考虑到房租、物价等各方面的现实情况，这个标准对中国城市居民来说显得偏低了。

按照国家统计局原局长宁吉喆 2019 年 1 月提出的中等收入群体测算标准：三口之家年收入在 10 万~50 万元则为中等收入群体。也就是说，一个三口之家，每人每月收入在 2778~13889 元，就属于中等收入群体。统计部门照此标准计算，认为 2017 年中国中等收入群体已超过 4 亿人，占中国人口总数的比例约为 30%。

假设到 2035 年前后，中国中等收入群体占人口总数的比重达到 50%，即从当前的 4 亿人增加到 7 亿人，需要每年平均新增 2000 万中等收入者，这样的增速可能吗？

根据有些学者的研究，中国中等收入群体占比曾在 1988—2005 年呈下降趋势，而到 2013 年前后才有显著的趋势性上升。国家统计局的有关数据表明，2002年中国中等收入群体占总人口的比重约为18%，而中国劳动学会副会长苏海南此前根据收入及地区细分数据测算，2013年中国中等收入群体占比也为18%，虽然不同的统计主体有可能采用了不同的计算口径，但是都说明中国中等收入群体占比的上升从2013年才开始加速，平均每年增加2000万人。

毫无疑问，中等收入群体人口的最直接增长动力来自扩大就业，每年超过1000万的新增就业人口大部分月收入在3000元以上，是中等收入群体的主要构成部分。同时随着经济发展水平的提高，现有就业人口工资水平的升高，尤其是接近月收入2777元的人越来越多，中国的中等收入群体增长有望在"十四五"期间进一步加速。

让低收入者向上流动，让中等收入者不掉队，扩大就业是最有效、最普惠的提高收入水平的途径。为了确保每年可新增就业1000万以上，尤其要重视对中小微企业和个体工商户的支持，扩大就业还需要进一步深化要素市场化配置等改革，消除妨碍人员流动的体制机制障碍，破除户籍制度限制，取消一切歧视性的就业规定，让进城人员、非户籍人口也能享受到各类公共服务。为了推动扩大就业，政府可加大对传统产业转岗群体、新进城群体的培训和就业指导，让他们尽快在新产业中找到岗位。

增加居民收入、扩大中等收入群体的另一个重要途径是增加中低收入群体的财产性收入。比如，加快农村土地、宅基地确权后的流转、交易制度建设，使农民的资产转化为实质性的财产性收入；考虑到资本市场的投资主体扩大，资本市场的繁荣也是提高居民收入、扩大中等收入群体的现实途径。

同时还要加快收入分配体制改革，确保居民收入增长和经济发展同步，劳动报酬增长和劳动生产率提高同步，形成更合理的收入分配格局。在初次分配中，劳动、资本、土地、技术、管理等要素都创造财富，都应获得合理报酬，但近些年，金融部门和土地部门获得了不合理的超额要素报酬，应当减少这些部门依靠行政垄断和人为制造稀缺所获取的超额报酬，而增加劳动者、管理者、技术人员的收入，在尊重市场规律的前提下，扩大中等收入群体。

增加居民收入，扩大中等收入群体，也要继续加大对中低收入者的补贴力度，并增强中低收入者地区、产业和人口的造血能力。

扩大中等收入群体并不是限制高收入，而是要把更多的中低收入者变成中等收入者，假设到2035年中国的中等收入群体总数达到7亿人，占比达到50%，不仅将形成全球最大的中等收入群体、全球最大的消费市场，也将为全人类的共同富裕、全球经济的发展做出更大的贡献。